KB274515

유대교의 기본 진리

M. 스타인버그
최 명 덕 역

도서출판 한글

Basic Judaism by Milton Steinburg 1947. A Harvest? JBJ
Book Harcourt Brace jovanovich, Publishers San Diego,
New York, London.

서 문

이 책은 유대 종교에 대한 책으로 유대인, 유대인의 문제, 유대 문화, 혹은 시온주의 등에 관한 책이 아니다. 역사적으로 유대인의 신앙을 가능케 한 그들의 믿음과 이상 그리고 종교적 실천에 관해 서술한 책이다.

나는 이 책을 쓰면서 최대한 간략하게 쓰려고 애썼고 복잡하고 난해한 주제라 할지라도 단순하게 쓰고자 노력하였다. 그러나 간략하게 쓰려 한 나머지 단순한 주제 나열식 기술이 되지 않도록 최선을 다하였다. 이 책은 해설적이면서도 설명적인 방법으로 기술되었다.

유대교를 있는 그대로 객관적으로 소개하고자 사견을 억제하였으며 유대인들끼리 견해가 일치하지 않는 부분들은 각각의 견해를 최대한 반영하였다. 그러나 내가 중립적 입장에서 전통주의자와 반전통주의자의 모습을, 혹은 전통주의, 보수주의, 개혁주의의 견해를 있는 그대로 설명한다 할지라도 나 자신은 유대교에 대하여 중립적이지 않다.

나는 머리뿐 아니라 가슴으로 믿는, 확신과 열정의 사람이다. 이 열정은 숨기려 할지라도 드러나고야 말 것이다. 또 이 열정을 숨길 수 있다 할지라도 숨길 이유가 어디 있겠는가.

4

다른 모든 저자들도 마찬가지겠지만 나도 모든 독자를 환영한다. 그러나 이 책은 세 종류의 사람들을 염두에 두고 집필하였다.

먼저 이 책은 자기가 믿는 바를 명료하게 정리된 형태로 보기 원하는 믿음의 유대인들을 염두에 두고 집필하였다. 믿음이 있는 유대인들은 이 책을 통하여 그들의 신념을 삶 속에 보다 일관성 있고 힘있게 적용하게 될 것이다.

이 책은 또 유대교의 전통과 친해지고자 하나 '가슴은 회당 안에 들어섰는데 머리는 밖에 있는' 아직까지 유대교에 대하여 무관심한 많은 유대인들을 겨냥하고 있다. 이 책은 전도를 목적으로 하지 않는다. 따라서 설득이 아닌 서술의 형태로 집필하였다. 그러나 망설이는 유대인들에게 이 책이 유용할지도 모르겠다. 여기 유대인으로서 가져야 될 신앙의 길이 있다, 그들이 그대로 할 수만 있다면, 목적이 성취될 것이다.

마지막으로 이 책은 유대교에 대하여 관심을 갖고 있는 모든 비유대인을 위하여 집필하였다. 그러나 유대 종교에 대한 객관적 지식을 얻기 원하는 기독교인을 염두에 둔 책은 아니다. 그런 목적을 가진 독자라면 원하는 주제를 다른 책에서 찾아볼 수 있을 것이다. 그러나 기독교인에 의하여 저술된 책은 유대교를 기독교의 기원과 관련하여 설명하거나 기독교의 신앙과 비교하기 위한 대상으로 소개하는 것이 대부분이며 그것도 늘 유대교에 불리하게 기술되는 경향이 있다. 그리고 유대인에 의하여 저술된 책들은 지나치게 상세하게 기술되는 경향이 있으며, 유대인이 아닌 보통의 일반인으로서는 알 수 없는 방대한 배경 지식을 전제한다. 더 큰 문제는 그들이 어떤 특별한 견해에 경도되어 있거나, 국외자들에겐 혼란스럽고 무의미한 종파별 차이점에 과도하게 몰입되어 있는 경우가 많다.

오랫동안 필요했던 것은 유대교 안에서 유대교에 대한 애정을 갖고, 다른 어떤 것에 대한 장식으로서가 아니라 유대교 자체를 위한, 너무 자세해야 한다는 부담 없이, 교리적 또는 의례적 차이점으로부터 자유로울 수 있는 그런 책이다. 그래야 아직 종교를 정하지 못한 유대인이나 또는 유대교에 대하여 알고자 하는 비유대인에게, 유대교를 신봉하는 유대인들이 바라보는 유대교 그대로의 모습을 보여줄 수 있을 것이다. 그럴 때에 유대교가 어떻게 그렇게 강력하고 지속적인 충성심을 그들로부터 이끌어 내었는지 그리고 그들의 삶을 통하여 인류의 대소사에 어떻게 그렇게 강력한 영향력을 끼치게 되었는지 알 수 있을 것이다.

이러한 목적으로 이 책은 헌정되었고 이 목적은 내가 생각한 것 이상으로 본서에서 이루어졌다. 그러한 목적이 그 중의 일부분만이라도 성취된다면 이는 내가 바라는 바다. 이루어져야 할 목적의 나머지 부분과 이루어져야 하지만 부분적으로밖에는 성취하지 못하는 목적에 대하여는 고대 이스라엘의 현자들의 말을 남기며 위로 받아야 할 것 같다.

"당신이 임무를 다 완성해야 되는 것은 아니다, 그렇다고 면제되는 것도 아니다."

나에게 전통을 가르쳐준 부모님께
그리고
그 전통을 이어받을
나의 자녀에게

목 차

I. 미리 알아두기

1. 유대교의 성격

'Judaism'이라는 단어는 각기 다른 두 가지 의미로 쓰인다. 어떤 때는 유대 민족으로 알려진 역사적 인간 집단의 과거, 현재를 통하여 실재하는 문화를 총체적으로 지칭한다. 이러한 의미로 사용될 때는 세속적 요소와 더불어 종교적 요소를 함께 아우른다; 예를 들어 중세기의 히브리 연가라든가 동부 유럽 유대인들의 민속 음악이나 춤이라든지, 모든 종류의 사회 기관이나 그 밖의 많은 것들이 이에 속한다

동등하게 'Judaism'이라는 용어는 좀더 제한된 의미로 사용 된다; 문화의 영적인 국면을 가리키는 용어로 사용되며 이 경우엔 유대인의 종교를 가리킨다.

이 책에서는 'Judaism'이라는 단어를 후자, 즉 유대인의 종교를 가리키는 용어로 사용할 것이다.

그러나 종교를 문화로부터 분리시킨다고 해도, 유대 종교는 단순하지 않고 매우 다양하다.

직물에 비유한다면 유대교는 아래와 같은 일곱 가닥의 다른 실로 얽혀 만들어진 종교라고 볼 수 있다.

1. 신관, 세계관, 인간관;
2. 개인 윤리와 사회 윤리;
3. 의례, 관습, 의식;
4. 법 체계;
5. 거룩한 문헌;
6. 앞에 기록된 내용들을 표현하는 기관;
7. 백성, 이스라엘– 직물을 이루는 다른 가닥들을 얽어매는 중심 가닥;

이성적으로는 이 실들을 따로 떼어놓는 것이 가능하다. "윤리로부터 교리를 떼어내고 생각하사거나 또는 이 둘을 문학으로부터 떼어놓거나 혹은 이 모든 것을 만들고 지키는 백성으로부터 떼어놓자"고 말할 수는 있을 것이다. 그러나 그렇게 생각할 수는 있겠지만 실제로는 불가능하다.

첫째, 그들은 너무 단단하게 묶여 있어서, 수세기 동안 입고 닳고 해져서, 천의 실들이 어디에서 실제로 분별이 되는지 알 수 없으며, 어떤 방법으로도 그들을 따로 끄집어내어 분리시키는 것은 불가능하다.

둘째, 유대교의 통일성은 매듭 자체보다도 강하다. 겉보기에 비슷한 실들도 사실은 똑같은 생명체의 또 다른 기관에 해당하며,

동일한 정신에 의하여 활기를 띠며 서로 만나며 침투하지만, 단순히 신체의 부분을 이루는 독립된 개체 이상이기 때문이다.

요점은 유대교가 살아있는 기관이라는 사실이다. 유대교라는 직물을 이루는 각각의 천 조각은 살아 있는 것이다.

2. 시간적 요소

유대교는 그 안에 그리고 그 뒤에 4천 년의 역사를 갖고 있다. 여기서 논의하고 열거하기엔 너무나 긴 역사이다. 또 역사가 우리가 여기서 논의할 현안도 아니다. 그러나 유대 종교에서 역사가 차지하는 비중은 너무나도 커서 논의 자체를 피하는 것은 불가능하다. 역사에 대한 본격적인 지식은 아니라 할지라도 최소한의 개관이나 흐름에 대하여는 언급할 필요가 있다.

유대인의 과거에 대한 가장 직접적인 접근은 그들의 역사를 만들어낸 백성이 어떠했는가를 살펴볼 때 가능하다. 그렇다면 그들을 그들의 세대에서 조명해 보자.

유대 백성은 흔치 않으며 매우 인상적인 사람들의 집단을 만들어내었고, 결과적으로 매우 특이하면서도 인상적인 운명을 만들어낸 백성이다.

그들은 어떤 사람들이었는가 살펴보자.

- 아브라함 시대 훨씬 이전의 셈족; 티그리스와 유프라테스 강
의 골짜기에 거대한 문명을 세운 사람들과 아라비아 광야를

유목민으로 방랑하던 사람들.

- 4천 년 전 경 가나안 땅에서 방랑하던, 도시와 동시에 사막의 상속자였던 족장들; 그들은 특별한 통찰력과 가치를 지닌 특이한 민족의 선조였다.
- 백성의 해방자요 법 수여자이며, 그가 서 있으면 그가 섰던 산마저 작아 보였던 위대한 인물, 모세.
- 조상들의 엄격한 전통과 그들이 살던 땅의 아모리, 가나안, 히위 족속들의 덜 엄격한 그러나 타락한 삶의 방식 사이에서 주저하던 팔레스타인의 농부들.
- 영의 세계에서 어떤 개척자나 발견자보다도 대담했던 선지자들:

포악한 왕들을 경고하였던 나단과 엘리야.

하나님의 보편성과 공의를 사역의 지상 목표로 선포하였던 목자이자 무화과나무를 가꾸었던 농장지기 아모스.

자기 자신 안에서 발견한 용서의 능력에서 지칠 줄 모르는 자비를 소유한 하나님에 대한 눈부신 환상으로 도약하였던 호세아.

역사의 밑그림을 발견하고 역사의 움직임의 절정을 규명하였던 이사야. 우주적 평화와 평등의 하나님 나라.

예레미야, 미가, 에스겔, 하박국 그리고 요나…….

하나님을 감격으로 노래한 시편 기자들, 회당뿐 아니라 교회나 모스크에서도 이 시편으로 하나님을 예배하며 시편 사용은 오늘날까지도 되풀이되지 않는가?

지혜의 말씀, 잠언, 전도서, 벤시라 그리고 역대 최고의 문학이라 일컬을 만한 역작 욥기를 집필하고 집대성한 제2성전시대의 현인들.

그리스 로마 시대의 헬라화된 유대인인 알렉산드리아의 필로, 그는 유대 백성의 모든 전통을 그리스의 지혜로 종합하지 않았던가!

기원전 3세기에서 기원후 5세기에 가르쳤던 선생들, 그들이야말로 유대 경건주의와 이상주의의 보물의 집을 세운 인물들이며, 미쉬나, 바벨론 탈무드, 팔레스타인 탈무드, 미드라시 등의 유대 구전 전승의 보물의 집을 지었던 인물들이 아닌가! 그들은 선지자 이후 유대교를 역사적 종교로 만드는 데 가장 기여한 인물들이며 우리가 '랍비'라고 부를 때 먼저 떠오르는 인물들이다.

나사렛 사람과 그의 제자들, 그들은 그들이 고백하고 실천하였던 유대교에 직접적인 영향을 끼치지는 않았지만 서구 세계를 다시 만들었으며 결과적으로 그들 자신의 백성과 백성의 신앙에 우회적인 영향력을 행사하였다.

성서와 랍비 문학에 대한 주석가들과 해설가들, 유대의 방대한 전통의 체계를 세우고 실생활에 현실화시킨 각각의 시대와 장소의 유대 신학자들과 법률학자들, 그들은 위대한 정신이 이와 같은 업적을 가능케 하였다.

중세 황금기 스페인의 시인, 문법학자, 석의학자, 과학자, 번역가, 역사가들을 보라.

플라톤, 아리스토텔레스 시대로부터 신 칸트와 실용주의 철학자에 이르기까지 히브리적 세계관과 당대에 유행하던 형이상학적 체계와 조화를 꾀하였던 철학자들은 어떠한가.

많은 것 뒤에 숨어있는 한 분, 또는 희미한 것 뒤에 존재하는 실재에 대한 직접적이며 즉각적인 지식을 추구하였던 카발라와 기타 유대 신비주의자들.

선한 삶에 대하여 연구하고 어떻게 그 삶이 성취될 수 있는지에 대하여 숙고했던 모든 시대와 다양한 지역의 윤리학자들.

하나님에게 중독되고 존재의 기쁨에 취해있던 중세 후기의 경건주의자들인 하시드 유대인들.

18, 19세기의 계몽주의를 이끌었던 마스킬림 유대인들; 그들은 500년 동안 막혀있던 게토의 남을 헐어 버리고 현대의 조류를 소개하여 유대인의 정신세계를 자유롭게 하였다.

지난 150년 동안의 역사학자들과 사전 편찬자들, 그들은 세월의 풍상에 희미해지고 박해와 무관심 속에 무너져 내린 유대 문화를 부활시키기 위하여 유대인의 과거에 대한 과학적 탐구에 헌신한 인물들이다.

19, 20세기의 개혁주의자들, 과거 유대인의 삶의 방식을 현대적 상황에 맞게 적용시키고자 하는 이들의 노력은 일의 현장에서 다양한 양식의 개혁주의자들을 만들어내었다; 그들의 반대자들, 전통주의자들은 이러한 변화를 신성모독으로 여겨 격렬히 저항하

었다.

유대인의 고향을 팔레스타인에 만든 사람들, 그들은 히브리 문화의 화려한 부활을 가능하게 하였으며 현재도 그 땅에선 히브리 문화 부활의 과정이 진행 중에 있다.

처음부터 현재까지의 모든 세대를 망라하여 수 없이 많은 유대교를 위한 순교자들, 그들의 죽음을 담보로 한 헌신이 유대교를 거룩하게 만들었다.

그리고 수없이 많은 무명의 사람들, 그들은 선지자도 아니며 랍비도 아니고 철학자나 시인 또는 학자나 순교자도 아니었다. 단지 살았고 죽었고 아무런 이름도 남기지 못한 사람들, 그렇지만 그들이야말로 '유명한 사람들' 이상으로 유대 백성의 영적 유산을 사랑하고 섬겼던 사람들이다. 아무 이름도 남기지 못한 그들의 흔적이야말로 오늘날의 유대교를 유대교로 만든 비밀일 것이다.

왜냐하면 유대인의 과업에 누가 참여하였느냐는, 그가 언제 어떤 일로 얼마나 많이 참여했는가와는 관계없이, 주요 절기에 읽는 생명책에서는 "모든 사람의 손의 봉인이 그 안에 있다"고 말하기 때문이다.

3. '기본(Basic)'의 의미

유대교의 기본 진리라는 이 책의 제목에서 과연 '기본'이란 말은 타당한가? 유대교는, 이 책에서는 편의상 일곱 가지 요소로 풀어

설명하지만, 사실은 수없이 많은 사람들의 손을 거친 종교이며, 각기 다른 여러 시대와 상황의 산물이다.

유대교는 수없이 많은 이질적인 요소로 이루어져 있으며 긴 세월에 거쳐 만들어진 종교이다. 이 종교의 실체를 일반화시키는 것이 가능할까? 무엇이 본질적인 것이고 무엇이 비본질적인 것인지, 무엇이 영원한 것이며 무엇이 일시적인 것인지 결정하는 것이 과연 가능할까?

유대교의 기본진리를 묘사한다는 것이 마치 도깨비불을 잡으려고 하는 것처럼 허망한 것은 아닌가? 유대교의 성격을 감안할 때 이러한 노력이 상응하는 실체가 없는 그 어떤 것을 잡으려는 헛된 일은 아닐까?

전혀 그렇지 않다! 유대교의 많은 부분이 복합되어 있고 영원히 변화하고 있는 것은 사실이지만, 시간적 요소나 변천 과정이 영향을 끼치지 못하는 근본적 특성들이 유대교에 있기 때문이다.

한 사람이 자라면 시간과 환경에 따라 변화하지만 그 긴 세월에도 불구하고 여전히 지속되는 정체성을 갖고 있는 것도 사실이다. 어린 아기와 성숙한 어른 그리고 회색수염의 노인은 각각 달라 보이지만 사실은 내내 똑 같은 몸을 갖고 있는 하나이다. 그 뿐 아니라 인간의 성격과 마음을 대표하는 보다 더 확실하고 지속적인 정체성이 있는데, 어린 시절부터 무덤에 이르기까지 지속되는 기본적인 성품이 그것이며, 이 성품을 통하여 인간은 하나로 통합된다.

유대교도 마찬가지다. 유대교라는 직물인 일곱 가닥의 실은 서로 얽혀 짜여 있지만 어느 부분을 자른다 할지라도 눈에 보이는 확고한 그림을 갖고 있다. 여기 저기 차이가 있는 것도 사실이고 똑같은 하나의 개체라고 말하기에는 너무나도 불분명한 부분이 있는 것도 사실이다. 그러나 어떤 때는 분명하게 나타나고 어떤 때는 숨겨져 있다는 차이일 뿐 언제나 동일성을 찾아 볼 수 있다.

'유대교의 기본진리'라고 할 때 '기본'이란 말의 의미를 여기에서 찾아 볼 수 있다. 여기서 '기본'이라는 말은 역사를 통틀어 유대교가 갖고 있는 모든 요소들의 공통분모를 가리키며, 유년기나 성년기에도 공통적으로 지속된 특징들을 가리키며, 끊이지 아니하고 계속 지속된 특성들을 가리키며, 어느 부분을 잘라도 동일하게 나타나 쉽게 식별되는 밑그림을 가리킨다.

4. 전통주의자와 현대주의자

유대교는 유대교의 역사를 통틀어 내내 통합되고 지속적인 영적인 양식을 보여준다. 초기의 한 극단적인 면과 최근의 현상을 제외하곤 그러하다.

선지자 이전 시대인 유대교 최초의 단계에서는 유대교의 양식이 희미하게 보이지만 실제적이라기보다는 약속일 뿐이다.

역사의 이 쪽 끝에서 유대교의 이력은 그 고전적인 밑그림이 다시 희미해지고 있다. 좀더 정확하게 말하면 명백해진 두 개의 주요 분파와 그 둘 사이에 있는 온갖 종류의 편향된 분파로 서로 갈라진 모습이라 말할 수 있다.

현대의 세계는 이러한 분파가 나올 수밖에 없는 최첨단의 칼날과 같은 역할을 하였다.

프랑스 혁명이 있기 전 칠팔백 년 기간 동안 유럽의 상당수 유대인들은 다른 인간사회로부터 상당 부분 격리되어 있었다. 그들은 게토에 격리된 채 전 생애를 거의 그들끼리 살았다. 그러던 그들이 18, 19세기가 되자 '해방'되었다. 원하는 곳에 살게 되었고, 원하는 직업을 갖게 되었고, 원하는 나라의 정치적 문화적 삶에 참여하게 되었다.

이것은 해방과 자유의 경험이었다. 그러나 이것은 또한 충격이었다. '해방'은 그들에게 사회적 상황의 변화만이 아니라 지적 정서적 충격을 가져왔다. 새로운 세계의 생소하고 새로운 사상과 과학, 철학, 윤리 등은 그들이 지켜왔던 유대인의 신앙과 신조를 통째로 흔들어 놓았다.

1789년 7월 14일 프랑스 혁명과 함께 유대인 혁명도 시작되었다. 유대교 내에 분명하게 대별되는 두 가지 형태의 분파가 자리 잡게 된 것은 프랑스 혁명이 그 원인과 계기를 제공하였고 그 영향은 지금까지 지속되고 있다.

유대인들 중에는 선조들의 믿음과 교훈 그리고 종교 의식을 하나도 어긋나지 않게 지키려는 사람들이 있다. 이들은 엄격한 전통주의자들이다.

　그들 중에는 유대교가 현대의 사상이나 환경을 받아들여야 된다고 결정한 사람들이 있다. 이들도 역시 전통주의자들이다. 그들은 과거의 유대교와 가치관에 따라 신앙을 지키며 원리를 추구하고 의식을 지키며 회당에 다닌다. 그러나 경중의 차이는 있지만 그들은 의식적으로 또는 무심코 과거의 방식을 고수하지 않는다. 그런 의미에서 그들은 '현대적 전통주의자'라고 부를 수 있다. 이 용어가 그렇게 부담스러운 용어라 생각지는 않지만 편의상 '현대주의자'라고 부르자. 부언하건대 그들 역시 전통주의자라는 사실이다.

　그러므로 특별한 표제나 단서를 부치지 않는 한 본서에서 유대교에 대하여 말할 때는 전통주의자와 현대주의자의 견해 모두를 염두에 두고 있다. 그러나 유대교에 대한 고전적 밑그림을 어떻게 이해하느냐에 대한 상이한 전통 사이의 차이점을 부각해야 될 때가 있을 것이다.

　본서는 후자보다는 전자에 치중하게 될 것이다. 분명히 강조하여 말하고 싶은 것은 의견이 상반된 독자가 아무리 많다 하여도 독자들이 이 책을 이용하여 서로의 차이를 수적으로나 또는 그 깊이에 있어 과장하는 일은 불가능할 것이다.

　전통주의자와 현대주의자는 다른 점보다는 공통점을 더 많이 갖고 있다. 그들의 견해는 다른 두 개의 종교를 말하는 것이 아니라 똑같은 하나의 종교가 어떻게 둘로 변형되었는가 보여줄 뿐이다.

II. 주제의 결론

1. 주제의 결말

유대교가 어떤 종교인가에 대하여 간단하게 정의하고자 하는 노력이 이미 2천 년 전부터 있었다. 당시 유대교는 아직 완숙기에 이르지 못한 젊은 종교였으나 이미 종교로서의 기본적인 성격은 다 갖추고 있었다.

당시는 아직 기독교가 등장하기 전이었는데 팔레스타인 땅에 힐렐이라는 유대 현인이 있었다. 하루는 어느 이방인이 그에게 찾아와 자기가 한 발로 서 있을 수 있는 짧은 시간 안에 유대교의 모든 것을 가르쳐 달라고 요청하였다. 힐렐은

"너에게 해가 되는 것을 남에게 하지 마라, 이것이 가르침의 전부요 나머지는 주석에 지나지 않다, 자, 이제 가서 배우라"

라고 대답하였다.

2세기의 요셉의 아들 랍비 아키바는 레위기에 있는, "네 이웃을 네 몸과 같이 사랑하라"는 계명으로 유대교를 요약하였다. 같은 시대의 학자였던 아자이의 아들 시몬은, "이것이 인간의 세계라,

하나님이 사람을 만드신 날에, 그는 하나님의 형상대로 그를 만드셨다"는 창세기의 말에 유대교의 기본 진리가 요약되어 있다고 하였다.

그는 사람이 사람을 사랑하는 것보다 더 중요한 것은 인간이 하나님과 관계를 갖고 있는 신성한 존재라는 것에 대한 인식이라고 보았던 것이다. 그러나 우리는 어쩌면 3세기 랍비였던 심라이의 설교에서 유대교 신앙의 본질에 대한 가장 솔직하고도 완전한 요약을 발견할 것이다.

랍비 심라이는 가르치기를:

613개의 계명이 모세에게 주어졌다—1년의 날짜를 상징하는 365개의 금지 조항과 인간의 신체 부분에 상응하는 248개의 긍정적인 계명이 곧 그것이다.

그 후에 다윗은 이것을 11개로 줄여 시편 15편에서 이렇게 말하였다:

여호와여 주의 장막에 유할 자 누구이오며 주의 성산에 거할 자 누구오니이까. 정직하게 행하며 공의를 일삼으며 그 마음에 진실을 말하며 그 혀로 참소치 아니하고 그 벗에게 행악지 아니하며 그 이웃을 훼방치 아니하며 그 눈은 망령된 자를 멸시치 아니하며 여호와를 두려하는 자를 존대하며 그 마음에 서원한 것은 해로울지라도 변치 아니하며 변리로 대금치 아니하며 뇌물을 받고 무죄한 자를 해치 아니하는 자니 이런 일을 행하는 자는 영원히 요동치 아니 하리이다.

그 후에 이사야는 이것을 6개로 줄여 이사야 33장 15절에서 이렇게 말하였다:

오직 의롭게 행하는 자, 정직히 말하는 자, 토색한 재물을 가증이 여기는 자, 손을 흔들어 뇌물을 받지 아니하는 자, 귀를 막아 피 흘리려는 꾀를 듣지 아니하는 자, 눈을 감아 악을 보지 아니하는 자,

그 후에 미가는 이것을 3개로 줄여 미가서 6장 8절에서 이렇게 말하였다:

사람이 주께서 선한 것이 무엇임을 네게 보이셨으니 여호와께서 네게 구하시는 것이 오직 공의를 행하며 인자를 사랑하며 겸손히 네 하나님과 함께 행하는 것이 아니냐

그리고 이사야는 이것을 다시 2개로 줄여 이사야서 56장 1절에서 이렇게 말하였다:

여호와께서 이같이 말씀하시되 너희는 공평을 지키며 의를 행하라

그리고 아모스는 이것을 하나로 줄여 아모스서 5장 4절에서 이렇게 말한다:

여호와께서 이스라엘 족속에게 이르시기를 너희는 나를 찾으라
그리하면 살리라

랍비 심라이보다 2,3세대 이후의 바빌로니아 학자인 이삭의 아
들 랍비 나흐만은 다른 답을 제시한다:
의인은 그 믿음으로 말미암아 살리라(하박국 2:4)

유대교의 진수가 무엇인가를 축출하거나 혹은 구체화하기 위한
노력은 이후의 역사에서도 계속되었다. 그러나 이 정도만 가지고
도 유대교의 진수가 무엇인가를 가늠할 수 있을 것이다. 유대교는
한편으로는 하나님에 대하여 다른 한편으로는 인간에 대하여 말
하고 있다. 인간은 모름지기 하나님을 알기 위하여 노력하여야 할
것이며 그를 사랑하고 예배하며 그의 뜻대로 살아야 할 것이다.
뿐만 아니라 인간은 그의 이웃인 인간을 의와 자비의 마음으로 사
랑하여야 하여야 할 것이다.

하나님뿐 아니라 인간에 대한 사랑을 강조하는 유대교의 교리
는 매우 실제적이다. 유대교에서는 한편을 사랑하는 것은 그 다른
편도 사랑한다는 것을 의미하며 한편을 사랑하면 필연적으로 다
른 편도 사랑하게 된다. 하나님을 향한 경건한 마음은 그 마음이
인간을 향한 사랑을 만들어 내지 못하는 한 아무 소용이 없다. (창
조주를 진정으로 경배하는 자가 그의 창조물을 무시할 수 있을까?
하나님의 영을 진정으로 사모하는 자가 그의 형상을 무시할 수 있

을까?) 마찬가지로 모든 의롭고 자비로운 행위는 그 행위자 속에 내재하는 하나님의 존재를 보여주며, 그와 같은 사실은 동일한 하나님이 그 사람에게도 관여하고 있다는 사실을 암시한다.

하나님과 인간에 대한 동시적 사랑: 이것이 유대교의 첫 번째 전제요 마지막 결론이며, 출발점이요 종착역이다. 또한 그 자체의 뿌리요 열매이다.

이쯤 되면 우리가 우리의 목적을 너무나 빨리 이룬 것은 아닌가 하는 질문이 생길 것이다. 서문에서 밝힌 바와 같이 우리가 유대 종교의 기본을 이해하는 데에 이 책의 목적을 두었다는 사실을 상기한다면 우리의 목적이 이미 성취된 것은 아닌가? 그렇다면 벌써 이 책은 몇 장 쓰지도 않아서 끝내야 될 것인가?

어떻게 보면 그렇다고 대답할 수 있다. 앞으로 논의될 유대교에 대한 모든 내용들은 위에 밝힌 기본 원리를 벗어나지 않을 것이다. 그러나 다른 측면에서 보면 그 목적이 이루어지기까지 갈 길은 아직도 멀고 먼 길이다.

하나님과 인간에 대한 사랑을 가장 중요한 주제로 삼는 종교는 유대교뿐이 아니다. 기독교도 그렇고 이슬람교도 그렇다. 두 종교는 유대교에서 기원한 종교로서 상당 부분 유대교와 비슷한 모습을 갖고 있으며 똑같은 기초 위에서 정상의 종교로 발전하였다. 그럼에도 불구하고 유대교는 이 종교들과는 상당히 구별된다. 그러므로 이야기를 여기서 끝낼 수가 없는 것이다.

사실 우리는 우리가 처음 생각했던 것보다 훨씬 유대교에 대하여 배운 것이 없다. 우리는 물론 유대교가 하나님과 사람에 관하여 이야기하고 있다는 사실은 알지만 그것이 어떻게 구체적으로 이루어지는지에 대하여는 아는 바가 없다. 지금까지 우리가 얻은 지식은 단어 몇 개뿐으로 실제로 그 단어들이 어떻게 사용되는지는 전혀 아는 바가 없다.

그러나 우리는 유대교가 사람들이 성취해야 할 어떤 목적을 제시한다는 사실을 알았다. 그러나 그렇게 하기 위하여 어떤 길을 가야 할지에 대하여는 말한 바가 없다. 그가 가는 길이 그가 어떤 사람이 될지 또 그의 최종 목적지에서 그가 무엇을 발견할지를 결정할 것이다. 여기서 우리가 유대교에 대한 지식을 아무리 얻으려 노력한다 할지라도 그 지식은 제한적일 수밖에 없을 것이다. 우리는 유대교에 대한 지식뿐 아니라 유대교의 수단과 방법에 대하여도 알아야 할 것이다.

마지막으로 모든 진리 또는 모든 이상은, 단지 말로만이 아니라면, 구체화되어야 하며 현실에서 실제로 사라지는 만큼만 진리이며 이상이다.

민주주의는 그것을 수행할 구체적인 기관을 필요로 하며 실제로 실천되어야 한다. 단지 이론만 이해하는 것으로 끝난다면 그는 민주주의를 제대로 안다고 말할 수 없다.

작곡가의 마음속에 있는 주제가 표현되기까지는 수많은 수정과 오케스트라의 구성 과정 등을 거친다. 그렇다고 작곡 그의 아이디어나 결단이 아무리 다양하고 두드러진다 할지라도 한 인간은 그보다 훨씬 더 풍부한 존재이다. 한 인간은 또한 육체이며 피이며 기억이며 희망이다.

마찬가지로 유대 종교는, 다른 것과 마찬가지로, 필수 교리보다 훨씬 큰 어마어마하게 큰 종교이다.

인내심이 없는 이방인에게 힐렐이 한 말의 의미는 의심의 여지가 없다. 유대교의 원리의 가장 초석이 되는 말을 한 후에 그는 나머지는 주석이라고 하였다. 그런데 중요한 것은 그 주석을 공부하여야 한다는 사실이다.

그는 말하였다. "가서 배우라."

Ⅲ. 토라

1. 토라 - 책

일반적으로 그 종교의 정신은 해당 종교의 건축 양식에 잘 나타
난다. 고딕 형태의 카톨릭 성당에서부터 퀘이커 교도들이 모이는
집 형태의 교회에 이르기까지 모든 종교의 건축은 그 종교의 믿음
의 형태를 반영하고 있다.

그러나 유대교의 경우 건축양식에 아무런 특징이 나타나 보이
지 않는다. 회당의 경우 회당마다 그 스타일이 다르고 장식 형태
가 다르다. 그렇다고 계명의 탁자나 육각형의 다윗의 별이나 많은
가지의 샹델리아 등이 상징으로 쓰이는 것도 아니다. 사실 유대인
들은 예배 장소를 그들만의 개성 있는 형식으로 만들기에는 너무
나 변화가 많은 바쁜 삶을 살았다. 그들은 늘 이주하며 살았다.

그러나 회당의 모습은 다 달라도 한 가지 공통점이 있다. 모든
회당에는 예외 없이 토라라고 명명되는 한 권의 두루마리 형태의
책이 모셔져 있다. 이 책이 있는 곳에는 거의 예외 없이 따라오는
부속물이 있는데 장신구가 달린 예복, 토라를 넣어두는 궤, 토라

를 읽는 낭독대, 고대의 성막과 성전을 상징하는 등불이 그것이며 이 등불은 또한 꺼지지 않는 책의 빛을 상징하기도 한다.

모든 회당이 이 책을 소장하고 있는 것은 지극히 당연한 일로 회당이 회당되기 위해서는 반드시 이 책이 있어야 하며 회중과 더불어 이 책이 있을 때 비로소 회당은 유대인의 예배 처소가 되는 것이다.

다른 종교에서 건축이 그 종교를 상징한다면 유대교에서는 이 책이 유대교의 정신과 구조를 잘 나타낸다.

유대교는 책의 종교이다. 책에서 나온 종교이며 책을 중심한 종교이며 그 책의 거룩한 글의 내용을 표현하는 종교이다.

2. 책 중의 책

인류가 만들어 놓은 위대한 다른 글들처럼 토라의 역할은 토라에 기록된 내용 이상이다. 다음 장에서 우리는 내용 이상이라고 할 때 이상이라는 말이 무엇을 의미하는지 보게 될 것이다. 그러나 여기서는 책 자체에 대하여 살펴보자.

토라의 외형부터 살펴보자. 토라는 양피지의 모음인데 양피지를 연결시켜 두 개의 나무 막대기에 감아 돌리면서 볼 수 있도록 만들어져 있다. 이 양피지에는 절대적 정확성을 기하기 위한 각고의 노력으로 편집된 히브리어 원어 성서가 일일이 손으로 기록되어 있는데, 성경의 처음 다섯 권의 책인 모세 오경의 창세기, 출애굽기, 레위기, 민수기, 신명기가 기록되어 있다.

토라는 이야기로 구성되어 있는데 창세로부터 모세의 죽음까지의 기사가 기록되어 있다. 이 역사적 기간 사이의 기록에서 토라는 세상의 기원에 대하여 이야기하는데 특히 이스라엘 백성의 기원과 이스라엘 민족의 조상들에 대하여, 유대인의 이집트 노예 생활과 그들의 구원에 대하여, 광야 생활 중 시내산에서의 하나님의 계시에 대하여 이야기하고 있다.

그러나 토라는 단순한 이야기 이상이다.

다른 많은 내용들이 있지만 가장 눈에 띄는 것은 한분이며 보편적인 하나님인데 그 분은 모든 것을 창조하신 분이며 법을 수여하신 분이며 자유하게 하시는 분이며 인간을 구원하신 분이다.

토라는 공의와 사랑의 윤리가 무엇인가 보여준다. 특히 십계명이나 레위기 19장의 성결법전에서는 윤리적 원리가 흰색의 백열등처럼 빛난다. 그러나 일반적으로 볼 때 윤리적 원리는 성서에 전반적으로 전제되어 있거나 암시되어 있다. 성서의 어떤 부분이나 혹은 어떤 문장 하나도 이러한 윤리적 원리로부터 자유롭지 못하다.

토라는 종교 의식, 거룩한 날들, 절기 등이 어떠해야 됨을 설명하며 그러한 것에 관련하여 어떻게 예배해야 하며 또 어떻게 지켜야 됨을 가르쳐 준다.

토라는 성직에 관한 법과 일반 사회법과 범죄에 관한 모든 법의 규약을 공표한다.

토라는 종교, 가정, 사회, 자선, 그리고 정치 기관에 대한 법률을 제정한다.

토라는 유대 백성은 '제사장의 왕국이며 거룩한 나라'이며 그 백성을 통하여 지구상에 있는 모든 족속이 복을 받는다는 개념을 제의한다.

이 모든 것 외에도 토라는 기념비적인 문학 작품으로 성공을 거두었다. 창세기의 첫 번째 장을 쓴 사람은 대단한 명문장가이다. 이 불가사의한 전문적 이야기꾼은 우리의 가슴을 흔드는 잊혀지지 않는 요셉 이야기를 술술 풀어낸다. 어느 재능 있는 수사학자가 모세의 고별사를 쓸 수 있단 말인가, 또한 약속의 땅을 멀리 바라보며 죽는 선지자의 모습을 상상할 수 있단 말인가!

그러한 책이 토라이다.

다른 백성에겐 토라는 다른 의미를 전달한다.

지각이 있는 불신자들에게 토라는 문학적 대작으로 정의와 자비의 윤리에 대한 최초의 명료한 진술이다.

서구 세계의 종교인에겐 토라는 세대를 이어 전달된 신앙의 책이며, 이 책으로부터 그의 삶의 기초가 되는 신학적 윤리적 전제를 공급받는다.

그러나 유대교를 신봉하는 유대인에겐 토라— 책은 이 모든 것을 포함하여 그 이상의 의미를 갖고 있다. 토라는 유대인이며 종교인으로 존재하는 그에게 원천일 뿐 아니라 본질이기도 하다.

3. 토라 전통

책을 가리키는 용어로 쓰일 때는 토라라는 의미가 가장 제한적
으로 사용된 경우이다.

그러나 토라라는 말에는 보다 광범위한 의미가 있으며, 단지 책
을 가리키는 용어보다는 더 의미심장하고 복합적인 의미가 담겨
있다. 토라라는 용어의 총체적인 범위 내에는 사유와 가치의 전
세계가 들어 있다.

이 담론으로 들어가기 위한 가장 빠른 출입문은 이 단어의 어원
인 토라라는 말을 살펴보는 것이다.

토라라는 용어는 히브리어 동사로 ‘안내하다’ 또는 ‘가르치다’에
서 파생한 명사이다. 따라서 토라라는 말은 문자적으로 ‘안내’ 또
는 ‘가르침’을 뜻하며 라틴어로도 ‘가르침(doctrine)’을 뜻한다.

토라라는 어원이 무엇인가를 유의하여 보면 토라의 보다 포괄
적인 의미도 자연스럽게 유추할 수 있을 것이다. 분명한 것은 모
세에서 가르침이 끝난 것이 아니라는 사실이다. 또 모세에게 기원
을 두고 있는 책에서 가르침이 끝난 것도 아니다. 선지자들이 가
르침의 임무를 계속 수행하였고 또 시편이나 잠언 그리고 욥기를
쓴 시인이나 현자들이 그 임무를 계승하였다. 후자의 성서는 문자
적으로는 토라라고 말할 수 없으나 정신적으로는 토라나 마찬가
지이다. 기원전 3세기에서 기원후 5세기 사이의 고전 랍비 시대의

저작들도 마찬가지이다. 흔히 탈무드적 저작이라고 일컬어지는 이 글들로 말미암아 가르침은 더욱 공고히 강화되었으며 명확하고 상세하게 해설되었으며 많은 진전이 있었다.

성서와 랍비 문헌에 대한 주석가들이나, 모든 시대를 망라한 윤리학자들이나, 오늘날의 철학자에 이르기까지, 이들 모두는 지금까지도 가르침을 펼치고 있다.

이러한 사실을 직시한다면 토라는 토라와 같은 견해를 견지하고 토라와 동일한 논리적 함의를 이끌어내며 토라의 가능성을 현실화시키는 토라― 책에 뿌리를 두고 있는 모든 것이라 말할 수 있다.

토라의 총합은 유대 전통의 모든 광대함과 다양함의 합이다.

역사를 망리히여 유대인에게 성경과 진통을 상징하는 토라는 셀 수 없을 정도로 귀하고 무엇과도 비교할 수 없을 정도로 영적으로 중요하였다.

여기서 내가 셀 수 없다고 말하고 비교할 수 없다고 말한 것은 실제로 셀 수 없고 실제로 비교할 수 없기 때문이다. 만일 누가 토라의 진정한 의미가 무엇인가 완전히 파악하고자 하는 노력을 한다면 그는 실패할 수밖에 없을 것이다. 그러나 그렇다고 노력을 포기할 수는 없을 것이다. 왜냐하면 유대인의 신앙과 가치관에서 역동적이며 중심적인 이 개념을 이해하지 못하면서 그들을 이해한다는 것은 불가능하기 때문이다.

자, 그렇다면 토라에 가장 가까이에 있으며, 토라에 대하여 최고의 지식을 갖고 있으며, 따라서 토라에 대하여 가장 명료하게 표현할 수 있는, 토라의 위대한 인물들로부터 토라에 대하여 들어 보자. 그들의 말로부터 우리는 토라가 개인이나 집단이 삶에 얼마나 영향력을 끼치는지 가늠할 수 있을 것이다.

신명기에 보면 인간은 악과 죽음 앞에 놓여 있다. 이러한 상황에서 토라는 인간에게 주어진 악과 죽음 대신 택할 수 있는 선과 생명이다. 열국들이 볼 때 토라는 이스라엘의 지혜요 통찰력이다.

선지자들이 볼 때 토라는 목마른 사람들의 갈증을 풀어주는 생수이며, 배고픈 사람들을 위한 빵이다. 그런데 이 토라는 돈을 내지 않고도 값을 치르지 않고도 거저 얻을 수 있는 것이다.

시편 기자에게 토라는 볼 수 있게 하는 빛이며 벌집에서 떨어지는 꿀보다 더 단 영적인 양식이다.

고대의 랍비들에게 토라는 끊임없이 탐구해야 할 대상이었다. 그들에게 토라는 그 안에 모든 것이 있으며 머리가 희어져 늙을 때까지 함께 할 책이었다. 끊임없는 묵상의 대상이었으며 그것 이상의 그 어떤 것도 추구의 대상이 될 수 없었다. 토라를 뛰어 넘는 어떤 법칙도 있을 수 없었다.

게토에 갇혀 있던 유대인들에게 토라는 세상의 어떤 재화보다도 귀한 보물로서 민요를 통해 증거 되었다.

현대의 히브리 시인 비아릭에게 토라는 옛날의 높은 제단에 붙은 위대한 불꽃과 같은 것으로 표현되었다.

그리고 이사야 이래로 모든 유대인들에게 토라는 궁극적으로 인간과 사회를 새롭게 하도록 주어진 주님의 말씀이다.

4. 토라 – 전통적인 견해

토라야말로 유대인을 하나로 묶는 도구이다. 그러나 토라라는 주제를 놓고 유대인은 전통주의자와 현대주의자의 근본적인 이견으로 크게 나뉘어 있다.

그렇다면 둘 사이의 기본적인 견해 차이는 무엇일까? 전통주의자들은 토라 전체를 하나님의 계시로 받아들이며 따라서 토라 전체가 전혀 비난의 여지없는 진실이며 선이다.

현대주의자들은 토라 안에서 진실과 선을 찾을 수 있으며 그 진실과 선의 한두 내에서 토라는 하나님의 영감으로 기록되었다는 견해를 견지한다.

전통주의자들의 견해에 의하면 토라는 그 전체가 그 안에 있는 모든 말이 또는 글자 하나하나가 모두, 시내산에 있던 이스라엘 백성에게 하나님에 의하여 직접 주어졌거나 모세를 통하여 간접적으로 주어졌다. 중요한 것은 이 모든 것이 계시되었다는 것이다. 그러므로 토라는 지적으로나 윤리적으로나 전적인 신뢰의 대상이다.

전통주의자들에 의하면 계시는 모세 오경으로 끝나지 않는다. 이 계시는 모세 이후의 선지자들의 글에도 계속되고 나머지 성경에도 계속 된다. 또 고대의 탈무드 문헌에까지도 계속되며 미약해지긴 하지만 후대의 랍비 문헌에까지 이어진다. 그러므로 모든 전통은 토라—책의 권위에 힘입고 있으며 토라로부터 논리적 결론을 얻을 때에 또 토라에 그 정당한 근원을 두고 있을 때에 전통은 그 권위를 갖게 된다. 이와 같은 사실을 탈무드에서는 이렇게 말한다.

"어떤 진지한 학자가 미래를 혁신한다할지라도 그것은 이미 시내산에서 언급된 것이다."

그러한 논리에서 토라—전통에도 토라—책처럼 신적인 영감이 있다. 물론 토라—책의 경우처럼 절대적인 영감이 있다고 주장할 수는 없겠지만 전통에는 상당히 중요한 유산이 포함되어 있다.

한 가지 중요한 사실은 세상이 계속 변한다고 유대교도 따라 변하지 않는다는 사실이다.

궁극적으로 하나님은 인간이 아니다. 그 분이 말하면 언술의 편집이나 재고의 여지없이 그것으로 완전하고 온전한 것이지 인간이 필요에 따라 고쳐지는 것이 아니다. 유대교는 시내산에서 완성되고 완결되었다.

역사를 거치며 이루어낸 것처럼 보이는 전통의 역사적 성장은 사실은 하나의 환상에 지나지 않는다. 선지자나 현자나 랍비 중 어느 누구도 사실은 토라의 본질에 아무 것도 추가하지 못하였고 또 그 본성에 아무런 변화도 가져오지 못하였다. 그들이 이루어낸 것은 단지 토라를 새로운 언어로 표현하고 시대에 맞게 적용한 것

뿐이다. 사실은 토라가 변형된 것도 아니고 확장된 것도 아니다. 진리는 피트를 인치로 계산한다고 거리가 길어지거나 짧아지지 않는 것처럼 하나의 어법을 다른 어법으로 바꾼다고 하여 수정되거나 확장되는 것이 아니다. 그러므로 유대교에 대한 시대를 거친 여러 표현 양식에도 불구하고 모세로부터 오늘날에 이르기까지 유대교는 동일하다고 볼 수 있다.

유대교는 신이 만든 것이므로 인간의 손으로 수정될 수 있는 것이 아니다. 하나님이 시내산에서 행한 일을 어떻게 인간이 개선할 수 있단 말인가? 과연 천을 덧붙이듯 하나님의 계시에 첨가할 만한 하나님이 전혀 모르는 어떤 새로운 진리나 고상한 환경이 있을 수 있단 말인가?

그렇다면 전통주의자들은 유대교를 고정되어서 영원히 변할 수 없는 종교로 바라보는가? 그렇지는 않다. 어느 정도의 융통성이 있다고 본다. 유대교는 언제나 재해석을 수용한다. 어떤 때는 규정을 적용하는 것이 너무 근본적인 변화를 가져와 위기를 불러올 가능성이 있으면 심지어 규정을 연기하는 경우도 있다. 규정에 대한 연구와 주어진 상황에 대한 위기관리 둘 다 우리가 위에서 언급한 바 있는 '성실한 학자들'의 소관이다. 중요한 것은 그들이 그렇게 하는 것이 그들의 공덕을 쌓기 위해서가 아니라는 사실이다. 그들은 분명한 토라의 명령을 따르고 있는 것이다. "만인 그대가 재판하기에 너무 어려운 일이 생기거든… 그대는 레위인 제사장들에게 나갈지라 그리고 그 날에 재판할 지니라… 그리고 그들이 그대에게 가르치는 대로 순종할 지니라."

더구나 유대교에서 지켜지는 교리나 실천들이 결국은 토라에 대하여 논쟁되는 동시대의 해석이거나 이미 확립된 관습이거나 혹은 개인적 취향인 것이다.

그렇다면 유대교는 그렇게 딱딱한 종교도 영원히 변하지 않는 종교도 아니다. 그러나 재해석에 의한 자유는 과도하게 크지 않고 위기에 대한 이슈도 그 적용에 있어 극히 제한적이었다. 그러므로 시대와 환경의 변화에도 불구하고 토라는 불변의 성격을 갖고 있다는 것이 전통주의자들의 견해이며 그들은 토라를 그러한 관점에서 다룬다.

마지막으로 전통주의 관점에서 보면 토라는 처음이요 마지막이며 무엇이 옳은지 시험할 수 있는 진실과 선의 궁극적 시금석이다. 아무리 잘 짜인 인상적인 논쟁이라 할지라도 전통과 모순된다면 그것은 거짓이다. 아무리 현명하고 합당해 보이는 윤리적 원리라 할지라도 토라의 가르침과 조화되지 못한다면 그것은 불완전한 법칙이다.

이렇게 말한다고 하여 이성과 경험이 가치가 없다는 것이 아니며, 철학이나 과학이 무용하는 것도 아니며, 자연 윤리가 무용하다는 것도 아니다. 반대로 그들은 인간과 하나님의 계획안에 다 들어 있다.

그들은 토라의 어두운 부분들을 조명하는데 무엇보다도 필수적이며 때때로 자체적 모순처럼 보이는 부분들을 해결하는 데 도움이 된다. 또한 그들은 토라의 실제적인 적용을 위한 기술적인 방법론을 제공한다. 또한 그들은 비록 그것이, 엄밀하게 말하여, 토라와 관련성이 없다 해도 사람들에게 다양한 통찰력과 유용성을 제공한다.

그러므로 전통주의자들은 철학자와 과학자들이 그들의 업무를 수행함에 하나님의 행운이 있기를 진실하게 기원한다. 그러나 그들이 깊이 숙고하고 최선을 다하면 그들이 윤리적으로 사람들에게 기쁨을 주는 결론을 갖게 될 것이라고 전통주의자들은 믿는다. 그러한 결론들이 이미 그들을 위하여 토라에 기록되어 있지 아니한가?

답을 모르는 사람들은 수수께끼 같은 문제로 고심하며 힘들어하지만 이미 결론을 갖고 있는 사람들에겐 확신이 있으며, 이미 해피엔딩으로 끝나는 드라마의 마지막 장을 본 사람들은 아무리 어려운 상황에서라도 확신을 갖게 된다.

고대의 랍비들은 '영원을 순간에 획득하는' 사람들에 대하여 이야기하곤 하였다. 그들은 그들의 전 생애를 한 순간의 영웅적 결단을 통하여 입증하는 사람들도 성격 지어졌다. 지적으로 이야기한다면 유대의 전통주의자들도 그런 경우이다.

그는 일회적인 그러나 대단한 믿음의 행위를 행사한다. 그는 외로운 그러나 어마 어마한 증명 없는 가정을 미리 단정한다. 그는 전통이 거룩하게 영감 받아 온 사실을 받아들인다. 그러므로 그에게는 오직 한 가지 진리만 가능하며 그가 걸을 수 있도록 열려 있는 길은 오직 한 길이다.

5. 토라—현대적인 견해

현대주의자는 정반대의 입장에서 토라에 접근한다.

그에게 어떤 명제의 진실여부를 결정하는 기준이나 어떤 원리의 정당성을 검증하는 기준은 토라가 아니라 이성과 경험이다. 토라의 기준에서 모든 것을 판단하기보다는 다른 모든 것을 판단하는 기준에서 토라도 검증한다. 그리고 토라의 내용이 검증되는 한 토라의 권위를 받아들인다.

현대주의자와 전통주의자의 중대한 구분은 유대교를 어떻게 받아들이느냐에 있어서 보다 더 근본적인 차이를 만들어 낸다.

현대주의자들은 생물학과 사회과학의 변화하는 법칙에 영향을 받아서 유대교도 그러한 변화의 법칙에서 예외일 수 없다고 생각한다. 그들은 유대교가 고정되고 변하지 않는다는 전통주의자의 견해를 거절하며 오히려 유대교는 오랜 기간 동안의 아직도 계속되는 성장의 산물이라고 여긴다.

현대주의자의 견해에 의하면 토라도 어느 한 시점에 모세의 저작을 통하여 생긴 것이 아니다. 반대로 토라의 현재의 모습은 진화적 작업의 결과이다. 전형적인 현대주의자의 견해에 의하면, 고등 비평적 견해라 할 수 있는데, 우리가 현재 갖고 있는 토라는 여러 개의 문서가 합쳐져 만들어 진 것으로 여러 명의 알려지지 않은 저자에 의하여 하나로 묶인 것이다.

이 문서들이 다 똑같이 훌륭한 것은 아니다. 어떤 것들은, 일반적으로 가장 오래된 것들의 경우이지만, 고대 유대인들의 민속에서 영향을 많이 받은 것이며, 따라서 매우 초보의 과학 지식을 소유하고 있으며, 하나님이나 윤리에 대한 개념은 매우 유치한 수준에 있다. 반면에 다른 것들은 지속적으로 매우 높은 수준을 유지한다.

분명한 것은 가장 초보적인 구절들도 엄청난 영적인 진실성을 보여주는 경우가 많다는 것이다. 토라에 언급된 대로 세상이 6일 만에 창조되지 않았을 수도 있지만 종교적인 사람들의 눈에는 그것이 거룩한 영의 작품으로 보이는 것이다. 인간이 창세기에서 말하는 대로 만들어지지 않았는지도 모르지만 믿음의 눈으로 볼 때 인간은 하나님의 작품이다. 전 지구적인 홍수가 인간이 살던 시내에는 없었을지도 모르고, 또는 홍수가 평평한 메소포타미아 지역을 넘어까지는 없었을지도 모른다. 그러나 20세기의 인간 누가 인간의 집단적 죄가 인간에게 대재앙을 불러올 수 있으며 종교성만이 그들을 구원할 수 있다는 사실을 부인할 수 있겠는가?

토라-책에서 중요한 것은 그 안의 모든 것이 사실이냐의 여부가 아니라, 그것이 사실이 아니라 할지라도, 여전히 의미가 있느냐의 여부이다. 무엇보다도 중요한 것은 그것이 매우 원시적인 내용을 담고 있다 하여도, 그 안에 매우 성숙한 통찰을 지니고 있고, 그 통찰이 원시적인 내용의 처음부터 가득 차 있다는 사실이다.

그러므로 현대주의자들은 토라에 있어서 선택적이다. 어떤 구절에 대하여는 다른 구절보다 더 큰 존경심을 표시하지만 모든 구절에 이성과 경험이라는 이중의 시금석을 적용한다.

토라-책에 준용한 이러한 원리는 토라 이외의 성서나 후대의 전통에는 더 치열하게 적용한다. 현대주의자들의 이러한 태도는 의심을 위한 의심이나 비판을 위해서가 아니라 진리와 선을 찾으려는 치열한 노력의 결과이며 실제로 그들은 이러한 노력을 통하여 상당한 성과를 달성하였다.

현대주의자가 보는 전통은 다음과 같다. 창조는 실제로 일어났던 기적이나 초자연적 사건이 아니라 어둠 속에 있던 어느 백성이 확실한 것을 추구하는 열정으로 남긴 기록으로 지극히 자연스러운 작품이다.

그러나 전통이 전통 자체로서 검증 받지 못하고 반드시 이성과 경험에 의하여 증명되어야 한다면 그렇게 하는 현대주의자들에게 토라는 무슨 권위를 갖고 있는가? 왜 그는 이성과 경험에 직접 호소하지 않는가?

부분적인 답이 되겠지만 아마도 어린 시절 받아들인 조상에 대한 경건심, 감정, 습관 또는 집단에 대한 충성심 때문일 것이다. 그러나 그것이 무엇인지 그 핵심에 대하여는 더 깊이 고찰해야 될 것이다.

현대주의자에게 토라가 권위를 갖는 이유는 토라가 자연적인 자료에 호소하는 것을 피하기 때문이 아니라, 인간 존재에 대한 근원적 질문을 머리와 가슴에 던질 때, 인간이 무엇을 발견하였는지 토라가 제공하는 방대한 자료 때문이다. 전통은 수많은 이성주의자들이 심사숙고하여 얻어낸 내용을 이미 그 안에 담고 있으며, 셀 수 없이 많은 신비를 담고 있으며, 수많은 인간이 영혼을 탐구한 결과를 담고 있으며, 계산을 뛰어넘는 인생의 대차대조표를 담고 있으며, 마음을 교화시키는 능력과 유효 범위를 길게 유지하는 믿음이라는 개념으로 확장된 경험을 담고 있다. 이성과 경험으로부터 얻을 수 있는 것과는 별개의 어떤 것이 아니라, 그들이 발견한 것들의 거대한 요약, 그것이 곧 전통이다.

그러나 사람들은 "이러한 개념 어디에 하나님이 있습니까?"라고 물을 수 있을 것이다. 어디에 있느냐고 묻는 질문에 현대주의자는, "모든 인간의 열망과 성취 배후에 능력이신 하나님이 계시는 것 아닙니까, 인간을 선과 진실 그리고 아름다움으로 이끄는 충동의 배후에 하나님이 계시는 것이 아닙니까?"라고 묻는다. 그 분 외에 누가 이스라엘의 머나먼 후세대의 이루다 말할 수 없는 불평에 대하여 주의를 환기시키겠는가? 서툰 업적이나마 수세기에 거쳐 이 백성이 이룰 수 있도록 강요한 자는 누구인가? 이 백성의 선지자들의 정신을 소유한 자는 누구인가? 이 백성의 현자들의 마음에 사려 깊은 분별력을 준 자는 누구인가? 순교자들에게 타협하지 않는 마음을 준 자는 누구인가? 오직 한 분이신 그 분이다.

현대주의자의 눈에도 토라는 계시로서 머무른다. 그러나 일반적으로 그렇다는 것이지 자세하게 그렇다는 것은 아니며, 토라의 최고조 정점에서 그렇다는 것이지 열등한 영역에서 그렇다는 것은 아니다. 방향성에서 그렇다는 것이지 개개의 모든 단계에서 그렇다는 것은 아니다.

분명한 것은 토라에 대한 견해에 있어 전통주의자와 현대주의자 사이에 깊은 낭떠러지가 놓여있다는 사실이다.

그러나 그 낭떠러지가 아무리 깊고 넓다하여도 결국은 지구 위에 있는 것이다. 양쪽을 가로막는 벽도 마찬가지이다. 그것들의 아래는 결국 똑같은 바닥 위에 세워진 것이며 위로는 다리로 연결되어 있는지도 모르는 것이다.

전통주의자와 현대주의자가 토라에 대하여 각기 다른 견해를 갖고 있지만 둘 다 토라를 존중하기는 마찬가지다. 물론 각기 다른 관점과 다른 방식으로 이해하지만 둘 다 토라로부터 안내 받으며 영감을 얻기는 마찬가지이다.

둘은 똑 같은 기초 위에 서 있으며, 똑같은 재료로 만들어졌으며, 공유하는 아치를 지지하며 그들의 불일치를 극복한다.

Ⅳ. 하나님

1. 신경

지난 150년 동안 유대 신학자들 사이에선 조용한 논쟁이 쉬지 않고 진행되었다. 질문은 유대교에 과연 도그마가 있느냐는 것이었다. 누군가가 유대교인이 되고자 할 때 유대교의 훌륭한 전수자가 되기 위하여 꼭 받아들여야 되는 권위 있게 정리된 신앙의 전집이 있는가? 또는 다른 각도에서 질문하면 사도신경, 니케아신경, 로마 카톨릭 교회의 아다나시우스 신경, 루터교의 아우스브르그 고백이나 장로교의 웨스트민스터 고백과 같은 것들이 유대교에도 있는가?

이 질문에 대하여 어떤 유대 학자들은 이런 관점에서 또 어떤 유대학자들은 저런 관점에서 말한다. 그렇다면 양쪽을 다 들어보자. 먼저 유대교에 도그마가 없다고 주장하는 사람들의 견해를 들어보고 다음으로는 그 반대편의 견해를 들어보고 마지막으로 두 가지 견해의 중간에 서 있는 온건주의자의 입장을 들어보자.

도그마가 없다고 주장하는 사람들은 이렇게 말한다.

우리는 유대교를 신경의 종교라고 말할 수 없다. 거기에는 3가지 이유가 있다.

첫째로 만일 유대교에 도그마가 있다면 그 도그마가 어디에 있다는 말인가? 도그마가 있다면 왜 한 번도 그것이 공적으로 만들어진 적이 없는가? 그러한 일을 할 수 있는 권위 있는 기관이 존재하던 시기에도 그들은 그러한 일을 하지 않았고 어떤 도그마도 강요하지 않았다. 예를 들어 왜 700년이나 신성한 지배력을 행사하였던 산헤드린은 유대인이 신앙에 대하여 아무런 공적인 문서 조항을 남기지 않았는가?

둘째로 유대인의 신앙을 정리하려 하였던 어느 누구의 노력도 유대인 전체에 받아들여진 적이 없다. 심지어 중세기 최고의 학자 모세 마이모니데스의 '13개의 신앙의 원칙'도 받아들여지지 않았다. 당시부터 오늘에 이르기까지 대부분의 정통파 유대인들이 마이모니데스의 신경에 대단한 존경심을 표현하는 것이 사실이지만, 그의 글은 조목조목 많은 사람들로부터 반박 당하였고 오늘날에도 정통파 유대인에 의하여 자주 비판받고 있다.

셋째로 유대인은 간단하지만 인정하지 않을 수 없는 이유 때문에 정리된 체계로서의 도그마를 가질 수 없다. 무슨 이유인가? 그들은 신학적인 문제에서 결코 한 가지 마음을 가진 적이 없다. 성경 자체가 종교적인 측면에서 많은 다양성을 갖고 있다. 탈무드 학자들은 놀랍도록 다양한 각기 다른 신념을 갖고 있다. 어떤 이들은 이성주의자인가 하면 어떤 이들은 신비주의자이고 어떤 이

들은 하나님을 세상으로부터 떨어져 있는 분으로 이해하는 초월
주의자인가 하면 어떤 이들은 내재주의자들이다. 어떤 이들은 성
경에 나타난 시내산에서의 계시를 문자 그대로 받아들이는가 하
면 어떤 이들은 풍유로 받아들인다. 교리적 차이는 신앙적인 유대
인 사이에 상존하여 왔으며 현대에 이르러선 더 심하다.

유대인에게 어떤 특정한 신경이 없다고 주장하는 사람들에게
도그마주의자는 유대교에 도그마가 없다고 하는 것은 언어도단이
라고 주장한다.

첫째로 도그마가 없다고 하는 것은 유대교가 존재하는 특별한
이유가 없다는 것과 똑같은 것으로 유대교 신앙을 뼈 없는 해파리
처럼 여기는 것이다.

둘째로 만일 유대교에 어떤 특정한 신앙체계가 없었다면 유대
인을 그 긴 고통의 역사에서 시켜낸 것은 무엇이었는가? 유대인들
은 순교할 때 무엇을 위해 죽었는가?

셋째로 유대교는 시대를 따라 유행하던 동시대의 사상들에 저
항하며 굳건히 자기 자리를 지켜왔다. 초기 단계에선 우상 숭배의
뿌리와 줄기를 잘라내는 노력을 경주하였는가 하면 다음엔 조로
아스터교의 이원주의에 대항하였다. 다음엔 그리스 로마의 지적,
윤리적, 문화적 침식에 저항하였다. 중세기엔 삼위일체론과 기독
교의 신비주의에 저항하였다. 그리고 곧 확인하게 되겠지만, 지금
은 현대 철학과 윤리와의 대립에 직면하여 있다.

도그마가 없다고 주장하는 사람들의 견해처럼 만일 유대교가

마치 등뼈 없는 그런 종교였다면 도그마를 가진 가까운 친구 종교들에 의해 쉽게 무너지고 말았을 것이다. 또는 만일 유대교가 그 자신의 사상체계나 가치관이 정리되어 있지 않았다면, 다시 말하여, 자체의 신경(Creed)이 없었다면, 이질적인 사상이나 가치에 대하여 그렇게 격렬하게 저항하지 못하였을 것이다.

온건주의자는 다음과 같이 말한다.

"양쪽 다 옳고 양쪽 다 그르다. 양쪽 다 진실하지만 완전하지 못하다."

유대교는 종교로서의 외관을 분명히 갖추고 있다. 그 점에서는 유대교에 도그마가 있다고 주장하는 사람들의 견해가 맞다.

그러나 유대교는 유대교의 견해를 분명한 명제로 만드는 일을 매우 꺼렸다. 할 수만 있으면 도그마를 만들지 않으려 노력하였는데 거기에는 충분한 이유가 있다.

무엇보다도 유대교는 공식화된 신경의 필요성이 적다.

예를 들어 기독교의 경우 교파마다 각 교파의 교리가 필요하다. 교파마다 자신의 신앙을 교리화하는 데 매우 신중하며 그렇지 못할 경우 정체성의 문제가 생긴다.

그러나 유대인의 경우는 다르다. 이미 관찰한 바 있지만 유대인은 단지 교회의 구성원일 뿐 아니라 유대 민족이라는 역사적 공동체의 일원이며 동시에 유대 문화에 대한 참여자이다. 유대인은 단지 교리적인 이유로 유대인이 되는 것이 아니며 그 외의 다른 요인으로 유대인이 되는 것이다. 이러한 요인으로 유대교에서는 교리적 긴장이 완화되는 측면이 있다. 각종 교파의 기독교인들과는 달리 유대인은 교리 문제에서 상당한 자유를 누린다. 그러므로 유대인의 모임은 교리에 일차적으로 의존하지 않는다.

둘째로 유대교의 시작은 교리가 아니었다. 대부분의 종교들은 그 교의 창시자에 의하여 만들어진 원리들의 체계를 공표함으로 시작하였다. 불교가 그렇고 루터교가 그러했다. 또는 바울의 경우와 같이 창시자의 제자가 만드는 경우 있다. 또는 공의회를 소집하여 교리를 확정짓는 경우도 있었는데 카톨릭교회의 성격을 규정한 니케아 회의의 경우가 좋은 예다. 이와 같이 특정한 선언에 근거하여 이러한 종교들은 그 종교의 숭배자들에게 그들의 선배들의 신앙에 대하여 정확하고 분명하게 규정하였다.

그러나 회의를 통과한 결의문 형식에 따라 만들어지지 않고 나무나 사람같이 자연적인 성장의 결과로 만들어진 종교 단체들도 있다. 모든 사람은 고유의 성품을 지닌 독특한 존재이며 개개인의 분명한 신념은 존중 받아야 한다. 그리고 인간은 어떤 특정 명제의 체계로 파악되기엔 너무 복잡하고 역동적인 존대이다.

브라만교나 퀘이커교는 인간의 이러한 면을 이해하는 종교이다. 그 면에서는 유대교도 마찬가지이다. 유대교는 누구도 간과하지 못할 자체의 견해를 갖고 있으며 자체의 일련의 사상과 주제들을 갖고 있다. 그러나 그것들은 주제별로 정리되어 있지 않다. 여타 신앙 선언 등이 각각의 주제들이 매우 신중하게 연관되어 정교하게 정리되어 있는 것과는 대조가 된다. 유대교는 신념의 풍조나

사조처럼 느슨하게 구성되어 있다.

셋째로 역사적 종교들 사이에서 매우 독특한 위치를 확보해온 유대교는 사고의 자유를 격려하고 귀하게 생각하여 왔다. 유대교의 자유사상주의는 필요에 의하여 만들어진 측면이 있다. 유대신학자들의 견해는 늘 광범위하고 폭이 넓었다. 유대교의 동일성은 늘 이러한 노력을 경주한 최후에야 추구되었다. 그러나 이와 같은 유대교에서의 교리적 차이에 대한 관용성은 보다 더 근본적인 면에서 다른 종교와 차별성을 드러낸다. 유대 종교는 매우 지적인 종교이다. 따라서 유대교에서 가장 중시되는 것은 이해하려는 노력이며 결과적으로 이해의 수단인 지식을 무엇보다도 중요하게 생각한다. 그러나 지식이나 이해 그 어느 것도 질문, 논쟁, 또는 개개인의 의사결정 권리를 배제한다면 얻을 수 없는 불가능한 것이다. 자연스럽게 유대교는 사상의 자유를 제한하는 규범적인 신경의 제정에 반대하게 되었다.

넷째로, 이것이 가장 중요한 것인데, 유대교는 신경을 만들 수 없었는데 그것은 유대교가 이성적 삶을 매우 높게 평가하지만 그보다는 선한 삶을 더 높게 평가하기 때문이다. 지성에 대한 치열한 추구에도 불구하고 유대교는 논리보다는 윤리를 더 귀한 것으로 여기며, 정확한 사상의 소유보다는 정의와 자비를 추구하는 것을 더 높게 평가한다. 무식하고 단순하여 진실한 믿음이 무엇인지 전혀 파악할 수 없는 무식한 사람이 한 순간에 영원을 소유하게 되는 이야기를 탈무드가 하는 이유가 여기에 있다.

역사적으로 존재해온 다른 종교들이 교리 만들기를 우선하고 윤리에 관한 문제를 그 다음에 다루었다면 유대교는 정반대이다. 유대교는 다른 사람들을 대할 때에 어떻게 처신하여야 하는지에 대하여 자세한 교범을 주는 데 상당히 심혈을 기울여 왔다. 그러나 그 일에 대하여 어떻게 무엇을 생각하여야 하는가에 대하여는 그들 자신이 결정할 수 있는 여지를 남겨 두었다.

기독교는, 그것이 기독교의 성격이기도 하지만, 전통적으로 이렇게 말한다.

"믿어라 그러면 구원을 받으리라."

유대교에서는 신념의 공포를 실제적인 행동과는 반대적인 측면에서 이해하려고 노력하는데 다음의 예에서 그 대표적인 정서를 엿볼 수 있다.

예레미야서에 보면 "스리엘의 하나님, 만군의 주께서 말씀하시기를, 나를 그들이 버렸으니 그들이 나의 법을 지키지 않았다."

이 구절을 고대의 랍비는 이런 의미로 해석한다, 하나님이 말씀하시기를, "그 사람들이 나의 법을 지키기만 했다면 과연 나를 버렸을까?"

2. 하나님에 대한 지식

"모든 기초 중의 기초, 모든 지혜를 지탱하는 기둥은 하나님의 실재에 대한 인식이다."

　12세기의 마이모니데스는 유대교에서 하나님이라는 개념의 역할에 대하여 한 말이다. 하나님에 대한 특별한 개념과 함께 유대교가 생긴 이래 유대교내에서 하나님에 대하여 최대한 정확하게 묘사하려는 노력은 계속 되었고 하나님의 존재에 대한 연구에 상당한 진전이 있었다.

　사실, 하나님의 실재에 대한 신념은 유대교의 근본이어서, 토라-책에서는 당연한 것으로 여기며, 그에 대하여 증명하려는 노력이 전혀 보이지 않는다.

　예를 들어 창세기는 "태초에 하나님이 천지를 창조하시니라"로 시작되며 논쟁이 개입할 수 없는 선언문으로 써 있다.

　십계명은 논의가 아니라 선포이다. 십계명은 "노예의 집 이집트 땅에서 너희를 불러낸 나 너의 하나님 여호와는"이라고 선포한다.

　그리고 모세는 논증을 위한 최소의 시간도 허락하지 않고 "이스라엘아 들어라 우리 하나님 여호와는 오직 하나인 여호와시니"라고 최상의 선언을 한다.

　성경의 후반부를 보면 가끔 하나님의 존재와 성격에 대한 증거를 찾으려는 노력이 보인다.

　"하늘은 하나님의 영광을 선포하고"라는 문구는 기본적으로 하나님의 존재에 대한 경이로운 표현으로 볼 수 있으나 적어도 물리적 세계에 나타난 장엄함과 아름다움 그리고 질서에 대한 신학적 예단이 그 안에 들어 있음을 보여준다.

　하나님에 대한 보다 분명한 논증은 다음의 질문에 나타난다.

귀를 만드신 자가 듣지 못하겠느냐?
눈을 만드신 자가 보지 못하겠느냐?

그리고 성경에서는 자주 개인이나 국가 특히 이스라엘의 윤리적 경험을 하나님에 대한 신앙의 근거로서 인용한다.

전통적인 랍비 문학에는 보다 철저한 철학적 사색이 보다 자주 나타나지만, 어떤 공통적 답을 얻기엔 또는 조직적인 답을 보여주기엔 미흡하다.

중세기가 되어서야 하나님은 유대인들 사이에서 널리 퍼진 형이상학적 사유의 대상이 되었으며 그분의 존재와 성격에 대한 논리적 대답이 요구되었다.

하나님의 존재에 대하여는 다음과 같은 형이상학적 논거가 있다.

* 하나님의 계획이 있었다는 논증 / 자연의 모습이나 인간의 재능 등은 하나님의 존재를 전제하지 않고는 해석이 불가능하다.
* 원인 결과 논증 / 우주의 존재는 추정되는 원인이 있어야 가능하다.
* 존재론적 논증 / 존재의 구조에 대한 분석은 하나님의 존재에 대한 결론을 내리게 한다.

다음과 같은 윤리적 논증도 가능하다.

* 인간의 감성적 윤리적 필요 / 하나님이 존재하지 않는다면 인
  간의 존재는 아무 의미가 없다. 삶은 목적을 잃어버리며 희망
  이 사라진다. 인간의 일에 또는 이상에 아무런 의미를 부여할
  수 없다.
* 인간과 국가들의 경험을 통한 논증 / 선만이 스스로 설 수 있
  었으며 악은 스스로를 파괴할 뿐이었다는 경험을 통하여 우주
  의 배후에 그와 같은 일을 가능하게 하는 윤리적 힘이 있다는
  것을 전제할 수 있다.

그런가 하면 역사에 기초한 사람들의 경험을 통하여 논증이 가
능하며, 또는 매 세대마다 찾아볼 수 있는 일이지만, 사고나 오감
을 초월한 신적인 존재와의 직접적인 접촉을 통한 내적 조명을 통
하여도 신의 존재에 대한 논증이 가능하다.

그리고 무엇보다도 어느 시대나 주장된 사실이지만 성서와 유
대 전통에 기초한 계시나 예언 그리고 기적을 통한 논증이 있다.

중세기 유대 사상가들은 이러한 여러 종류의 논증에 대하여 한
가지로 동의하는 것이 거의 불가능하였고 각기 다른 견해들을 갖
고 있었다. 한 철학자를 만족시키는 논증이 다른 철학자에게는 거
절되었다. 그들 중에 상당수의 학자들은 그들의 전적인 신앙을 하
나님에게 두고 하나님의 속성을 그들의 논증의 결론으로 삼았다.

그런가 하면 또 다른 학자들은 모든 형이상학적 질문은 불가피한 경우를 제외하곤 최대한 삼갔는데 이유는 계시에 이미 진리가 다 들어 있다고 믿었기 때문이었으며 따라서 대답할 수 없는 질문을 제기하는 것을 가장 위험한 것으로 간주하였다. 당시의 기본적인 정서는 누구든 사색하고 싶은 사람은 그럴 권리가 있다는 것이었다. 결과적으로 유대교에서의 형이상학적 질문은 매우 자연스러운 것으로 자리 잡게 되었다.

그러나 수세기의 유대학자들의 연구가 진행된 후의 지금까지도 토라-책이야말로 그 어떤 형이상학적 논문보다도 유대 종교의 근간을 이루고 있다. 진정한 유대교는 하나님의 존재를 증명하는 것보다는 하나님을 인정하는 것이며, 그분의 실재를 처음부터 결론으로 전제하는 것이지 가정하는 것이 아니기 때문이다.

하나님의 존재를 당연한 것으로 받아들이는 유대교는 하나님에 대한 개념에 대하여 상당한 자유를 허용한다. 하나님이 초월적인 분인지 내재적인 분인지, 마이모니데스의 경우처럼 추상적 원리인지 아니면 카발라의 신비인지, 또는 많은 사람들이 말하는 것처럼 매우 개인적인 분인지, 개인이 결정하도록 허용한다.

그렇다고 아무 생각이나 다 받아들여지는 것은 아니다. 우리가 뒤에 보게 되겠지만 하나님에 대한 개념이 검열을 통과할 일정한 기준이 마련되어야 한다. 그러나 이러한 기준 안에는 개인의 선호도에 따라 자유롭게 유희할 수 있는 충분한 공간이 마련되어 있다.

유대교의 특징 중의 하나가 도그마에 집착하지 않는다는 것인데 이 점에 있어서도 유대교는 근본적으로 도그마를 거부한다. 여기서 유대교의 사고의 자유에 대한 경향이 드러난다.

특별히 이 주제에서 유대교는 사고의 자유를 강조한다. 신학적 이슈에서 유대교가 일반적으로 자유롭다는 사실은 이미 검토된 사항이지만 유대교엔 하나님에 대한 지식에 있어 인간이 제한되어 있다는 사실에 대한 분명한 인식이 있으며 그 점에서까지 사고의 자유가 강조된다.

3. 지식의 한계

잠언에서는 "그가 너의 모든 길을 아시나니"라고 말한다. 그런데 어느 곳에서도, "그분의 모든 길을 안다"고 씌어 있지 않다.

이유는 자명하다. 전통에 따르면 하나님을 완전히 아는 것은 불가능하다. 하나님의 본질, 그가 진정 누구인지는 단지 추측할 뿐이다. 그분이 그분을 보여주신다 하여도 우리가 느끼고 아는 만큼만 우리는 그분이 누구인지 인지할 수 있다.

하나님에 대한 무지가 하나님에 대한 지식보다 크다는 사실은 유대 종교 어디에나 확실하게 잘 기술되어 있다.

"당신의 영광을 보여 주시옵소서, 제가 당신께 기도하겠나이다." 모세는 하나님께 요청하였고 하나님은, "너는 나의 얼굴을 볼 수 없느니라," 응답하였다, "왜냐하면 사람이 나를 보고는 살 수 없음이니라."

다른 측면에서 그러나 똑같은 취지에서 시편 기자는 부르짖기를;

그러한 지식이 내게는 너무 황홀하여
너무 높아서, 나는 그것을 획득할 수 없네 —
당신에 대한 생각이 나에게는 얼마나 벅찬지요,
오 하나님!
그것들이 얼마나 위대한지요!
내가 그것을 셀 수 있다면, 바다의 모래보다 많을 것이오
내가 그것의 끝에 갈 수 있다면,
그곳에서도 여전히 당신과 함께 있기를 원합니다.

11세기 新플라톤주의자 이븐 솔로몬 가비롤(Solomon ibn Gabirol)은 하나님을, "우리의 사고가 그 안에 체류하기를 동경하는 신비"라고 말한다. 일 세기 후의 마이모니데스는 하나님은 인간의 지각을 너무나 초월한 분이어서 그분에 대한 어떤 적극적인 기술도 적합하지 않은 분이라 주장한다. 카발라주의자들(유대 신비주의자)은 하나님의 신성을 엔-쏘프 즉 무한이라고 규정한다. 중세기의 이름이 알려지지 않은 한 신비주의자이자는 '영광의 노래'라는 그의 히브리 시에서 (하나님에 대한) 유대인의 견해를 잘 요약하고 있다;

나는 당신을 보지 못하였네
그러나 나는 당신을 찬양하네,
당신을 모르면서도, 당신의 길을 상상하네
그들(선지자들)은 당신을 말하지만
당신이 어떠해야 된다고 말하지 않네
그들은 당신의 일을 통하여
당신을 상상하려 노력한 것뿐이라네

하나님이 우리에게 해 주실 때만, 사람은 반성한다, 만일 그분이 회피하지 않는다면 우리를 압도하실 것이다.(?)41

궁극적으로 하나님은 과거, 현재, 미래 모두를 포함하고 게다가 그 모두를 다 파악하시는 분이다. 무한의 꼭대기에 또 다른 것을 올려놓을 수 있는 분이다. 어떻게 우리가 우리의 이성 안에 그 모든 것을 다 담을 수 있겠는가.

다시 강조하면 우리가 알고 있는 것은 그분이 하는 일이지 그분 자신은 아니다. 움직이는 베일로 덮인 사물과 사건을 통하여 우리는 그 분을 볼 수 있을 뿐이며 그것도 추리와 가정에 기초한 것에 지나지 않는다.

마지막으로 물리적인 세계에는 그 분의 존재가 가득 차 있으나 그분의 질적인 면은 그 것이 무엇이건 간에 우리 중에 직접 체험하는 사람이 없다. 만일 우리가 직접 알고 있는 사실 가운데 너무 큰 정보의 차이가 있다면 어떤 영역이 우리에게 보다 덜 확실한 것일까? 혹 우리가 전혀 알지 못하는 온 우주가 거기에 있는 것은 아닐까, 또는 단지 아주 미약한 희미한 빛을 접한 것은 아닐까? 그렇다면 이러한 사실조차 끌어안고 동시에 초월하는 하나님에 대하여 무슨 말을 할 것인가? 스피노자의 "우리가 불완전하게 그리고 매우 조금밖에 모르는 사실에 대하여 무한대의 수준에서 무한대로 파악하는 속성을 가진 분이 그 분이다"라는 번뜩이는 말 외에는 무슨 말로 이 사실을 표현하겠는가.

그러나 하나님에 대한 우리의 무지가 너무 과장되어서도 안 된다. 그것으로 끝이 아니다. 우리가 그분에 대하여 가지고 있는 지식이 우리의 호기심을 능가하지 못한다면 그것만으로도 우리의 필요는 충족된 것이다. 우리는 사물의 기본 골격을 알아보는 정도의 통찰력은 충분히 갖고 있으며 우리 자신이 어떻게 처신해야 되는지 알 정도의 지식은 충분히 갖고 있다.

4. 유대교가 말하는 하나님

유대교의 전통이 말하는 하나님에 대한 주장은 유대교 신학의 머릿돌이다. 유대교는 하나님에 대하여 이렇게 말한다.

하나님은 한 분이다.

이 말이 겉보기엔 간단해 보이지만 실제로는 깊고 함축적인 의미를 갖고 있다. 이 말의 의미는 다중적이며 매우 중요하다. 이 주제는 각각의 연속된 시대를 걸출하게 만들었으며 세대가 바뀔 때마다 시대의 의의는 바뀔 수밖에 없었으나 하나님에 대하여는 늘 똑같은 확언을 견지하였다. 그리고 시대마다 계속되고 완성되어 간 유대인의 하나님 신앙은 유대교의 신학의 전형으로 계승되었다. 이 내용은 검토할 가치가 있다.

다음의 내용은 하나님이 한 분이라는 사실로부터 역사가 시대를 거치며 얻어낸 진실이다.

하나님은 한 분이다, 여럿이 아니다.

고대 세계는 자연과 사회를 향하여 복수신(Polytheistic) 신관을 갖고 있었다.

이방 세계에서는 모든 사물마다 신이 있다고 여겨 강, 나무, 태양에도 신이 있으며 다산, 기억, 장인의 기술 등 사람들의 능력과 기능에도 신이 있다고 믿었다. 결과적으로 현실은 작은 조각들로 잘라지고 각각의 신은 자기 자신을 돌볼 뿐 다른 일엔 관여할 수 없는 혼란스런 세상으로 받아들여졌다. 이와 같은 구조에서 세상에는 논리적 또는 이성적 질서가 없었다.

똑같은 배경에서 각 민족마다, 지역마다, 경제적 계급마다 다른 신을 섬겼으며 결과적으로 인류는 잘게 부서진 조각처럼 찢겨진 세계에 살고 있었다. 마치 왕과 왕의 신하들이 정치적으로 서로 예속되어 있는 것처럼 그리고 그 사이에 다른 사람들이 끼여들지 못하는 것처럼, 민족의 신과 그의 숭배자들도 서로 배타적 관계를 갖고 있었다. 각각은 서로 배타적으로 묶여 있었는데 그 사이에 다른 어느 누구도 개입하지 않았다. 그러므로 고대의 종교는 무법 고대 사회를 합리화시킬 수 있었고, 지역신의 보호 울타리 밖에 서있는 사람들에 대한 착취를 합법화하며, 특정 신의 국가로서 이웃 나라에게 초월적 제재를 제공할 수 있었다.

그러므로 하나님이 하나라고 증거한 선지자들의 선포는 우상 숭배 거절 이상의 의미를 갖는다. 그들은 실제 세계는 무정부 상태가 아니라 질서 가운데 있으며 인류는 온통 뒤범벅되어 있는 것이 아니라 통일성을 갖고 있으며 그리고 국경을 뛰어넘어 모은 계층간의 경계를 극복하는 보편적 의의 법이 인간을 지지하고 있다는 원리를 세우고 있다고 사실을 공포한 것이다.

동시에 어쩌면 이것이 더 중요한 사실일 터이지만 그들의 유일신론은 실제적으론 온갖 형태의 우상 숭배와 전쟁을 선포한 것으로 이는 인간 자신에 심취하여 인간의 욕망을 추구하는 우상이나, 특정 계급이나 신분의 이익을 대변하는 우상이나, 또는 특정 나라나 전제군주를 우상화하는 모든 것과의 전쟁을 의미한다. 主만 오직 하나님이라고 선포하는 것은 그와 그의 의로운 법만이 모든 것의 기준이 된다는 것을 의미하며 그에 대한 무조건적 충성만이 요구된다는 것을 의미한다.

하나님은 한 분이다, 둘이 아니다

기원전 6세기 경 유대교는 조로아스터교를 만났다. 유대교로서
는 성숙하고 영적이며 진정한 종교와의 만남은 이것이 처음이었
다. 조로아스터교의 두드러진 특징은 이원론적인 교리 체계이다.
그들의 교리에 따르면 세계의 배후에는 하나가 아닌 두 개의 창조
자가 있으며 그 중 하나의 세력은 빛과 선함을 창조하였고 또 다른
세력은 어둠과 악을 창조하였다. 이 두 가지 기질이 인간의 영혼
과 세계 안에서 끊임없이 싸우고 있으며 결과적으로 각각의 인간
은 이 두 가지 세력 사이에서 갈등하게 된다. 조로아스터교가 갖
고 있는 종교적 목적은 인간이 이 둘 중에 옳은 편을 택하도록 돕
는 것이다.

이러한 조로아스터교의 교리는 매우 매혹적이다. 세상을 갈등
구조로 보여주는 이 종교의 그림은 매우 역동적인데 악의 수수께
끼에 대한 답을 쉽게 해결하여 주는가 하면, 실제로 답을 주는가
는 의문이지만, 인간을 초인적 존재로 부각하는 등 매우 매혹적인
형이상학을 지니고 있다.

그럼에도 불구하고 유대교는 조로아스터교를 거절하였다. 많은
장점에도 불구하고 이원론의 약점이 훨씬 더 크게 부각되었기 때
문이다.

이원론은 악을 절대적으로 만든다. 반면에 유대교는 악을 보다
기본적으로 선한 것에 앞서 나타나는 일시적인 것으로 이해한다.

이원론은 절반의 현실과 절반의 인간 본성 때문에 낙심하게 만든다. 그러나 유대교는 선으로 보상받지 못할 것은 아무 것도 없다고 확신한다. 유대교는 인간의 가장 악한 충동이라도, 랍비들이 지적하듯이, 잘 다스려지기만 한다면 덕을 고양하는 역할을 한다고 믿는다.

이원론은 선의 최종적 승리를 보장하지 않는다. 어둠이 빛과 접촉할 때 빛이 어둠을 이긴다는 보장이 어디에 있단 말인가?

조로아스터교에 대한 유대교의 명성은 하루아침에 이루어지지 않았다. '두 개의 힘'의 가능성은 수세기를 두고 유대교를 유혹하였다. 그러나 선지자의 첫 반응은, 한 분이시며 똑같은 하나님이 "빛을 만드시고 어두움을 창조하였고, 평화를 만드시고 악을 창조하셨다."였으며 이 말은 전통의 최종 언어로 남아 있다.

하나님은 한 분이다, 셋이 아니다

중세기에 유대인들의 하나님에 대한 일관성은 기독교의 삼위일체 도그마를 부인하며 더욱 분명해졌는데 기독교에서는 하나님은 한 분이지만 동시에 세 분이며, 그 셋은 '함께 영원하며' 또 '함께 동등하다'고 주장하였다.

유대인이 이 교리를 거절하려면 감옥에 갇힐 것을 각오하여야 했는데, 유대인들은 이 교리가 하나님의 본성을 잘못 해석한다고 간주하였다. 그러나 그들은 삼위일체의 요체를 이루는 하나님이 인간일 수 있다는 사상에 분명히 반대 의사를 밝혔다. 육을 입은 신성이라는 개념이나 또는 피를 지닌 특정인이 하나님이라는 사상은 있을 수 없다는 것이었다. 하나님의 형상을 닮은 모든 인류는 그 분의 자녀일 뿐이다. 어떤 사람이건 본인이 하나님 자신이라고 말한다면 그것은 곧 신성모독이다.

하나님은 한 분이다, 없는 분이 아니다.

유대교는, 오늘날에 와서는, 현대적 무신론과 물질주의에 반대한다. 이와 같은 현상은, 새로 생긴 것 같지만 오래 된 사상이며, 현실을 물질과 에너지의 교환으로만 해석하며, 인간과 그의 가치는 우주적 우연의 산물이며, 그들이 우연히 생긴 것처럼 우연히 사라질 뿐이라고 주장한다.

다른 한편 유대교의 전통은 하나님은 있지만 실제로는 존재하지 않는다는, 조금은 덜 위험해 보이는, 현대적 궤변에 반대한다. 그들은 하나님은 단지 인간이 만들어낸 개념에 지나지 않지만 매우 유용한 허구이며, 하나님의 이름은 인간이 추구하는 가치의 최고를 상징하기도 한다고 주장한다. 이와 같은 모든 논의에 대하여 유대교는 하나님의 존재 여부는 인간과는 무관하며 그분은 실재하는 분이며 현실적 실재이며 실재 중의 실재라고 가르친다.

따라서 궁극적으로는 최근에 형성된 전통이 그간의 이력을 바탕으로 다시 그 역할을 다하는 것이며 이는 최초의 전통이 유대인의 삶에 생명과 그 특성을 공급하였던 것과 똑같은 방식이다.

5. 하나님의 그 외의 속성들

유대교는 하나님에 관해서 좀더 이야기한다:

- 하나님은 만대를 통해 만물을 창조하시는 창조주이시다. 하나님의 창조 행위를 과거에 있었던 적막한 사건으로, 천구(天球)를 제 스스로 굴러가도록 내던져둔 사건으로 봐서는 안 된다. 오히려 정반대이다. "하나님은 인자를 베푸시어 날마다 창조 만물을 새롭게 하신다"고 기도서에 적혀 있는 대로, 하나님은 우주를 유지하시고 생기를 불어넣으시며, 항상 새로운 것들을 일으키시고 낡은 것들을 소생시키신다.
- 하나님은 영(靈, Spirit)이시다. 사유하는 정신(Mind)이신 동시에 행동하는 능력(Power)이시다. 달리 표현하자면, 하나님은 이성(Reason)과 목적(Purpose)이시다.

이런 점에서 사고와 의지를 구유한 인간은 하나님과 가장 유사하다. 그러므로 중세의 철학자 겸 시인인 솔로몬 이븐 가비롤(Solomon ibn Gabirol)은 "주님에 대한 자각이 항상 내 앞에 있게 만드는 세 가지"를 열거할 때, 첫째로 하늘을, 둘째로 광활한 대지를 든 다음, 셋째로 "내면을 바라볼 때 일어나는 마음의 감화"를 들었다.

- 하나님은 법을 내신 분이다. 세 가지 의미에서 그렇다.

하나님은 물질 세계가 따르는 자연법의 근원이실 뿐 아니라, 인간 존재의 규범인 도덕법의 근원이기도 하시다.

하나님은 계시로써 자신을 드러내는 정신(mind)이시다.

하나님은 도덕성을 보증하시는 분이요, 균형이 흔들릴 때 바로잡아 주시는 분이요, 공의를 집행하는 능력이시다.

- 하나님은 역사의 주관자이시다.

유대교에서 역사란, 인간의 궁극적 실현과 구속(救贖)에서 대단원을 맞이하는 계획의 전개 과정이다.

이 드라마의 배후에 하나님이 계신다. 하나님께서 극작가와 감독, 관객, 비평가이시며 - 모든 배역과 무대 안에서 - 배우도 되신다. 그러므로 유대교 전승(Tradition)은 하나님을 족장들의 하나님, 출애굽의 하나님, 시내 산의 하나님으로 자주 언급한다. 과거의 하나님이라는 뜻이고, 혹은 장차 올 그의 나라에 관련해서는 미래의 하나님이기도 하시다. 정리하자면, 하나님은 우주적·인간적 사건들의 하나님이시다.

- 하나님은 인간을 돕는 분이다.

하나님이 인간을 도우시는 것은 장엄하고 극적이고 중대한 사건들에서만 찾아서는 안 된다. 오히려 그것은 전통적 기도서가 "날마다 우리에게 일어나는 주님의 기적들, 저녁이나 아침이나 낮이나 항상 발생하는 주님의 기사(奇事)들과 인자하심"으로 묘사하는 것, 다시 말해서 인간이 늘 경험하고 사는 것에 가깝다.

따라서 하나님은 물질 세계의 자원과 신뢰성을 통해서 인간을 영구히 돕고 계시는 것이다.

더 나아가 하나님은 인간을 도우실 때, 기능과 적응력과 회복력을 지닌 인간의 육체와, 열정과 재능을 지닌 인간의 정신, 그리고 생명을 사랑하고, 용기와 희망을 품을 수 있는 인간의 마음을 통해서 도우신다.

그런가 하면 하나님은 다른 인간들을 도구로 쓰셔서 인간을 도우신다. 인간들의 상호 협력을 통해서, 함께 축적하는 사회적 부와 기술적 정보를 통해서, 서로 베푸는 사랑과 이해를 통해서, 그들의 생명과 자유를 보호해주는 정치적 장치들과 시민적 자유들을 통해서, 오랜 세월 동안 축적되어 후대에 유산으로 전수되는 과학과 예술과 종교와 모든 문화적 보물들을 통해서, 종합하자면 모든 제도와 관습, 그리고 개인들이 서로에게, 사회가 그 구성원들에게 베푸는 원조를 통해서 인간을 도우신다.

하나님은 하나님 자신에 관한 생각 – 그것이 인간의 사고에 빛을 비추고 의미를 부여하고 소망을 불어넣는다 – 을 쓰셔서 인간을 도우신다.

(하나님께서 기적에 의해서, 즉 인간을 위해 자연 법칙을 깨뜨리면서까지 자연의 과정에 개입하심으로써 인간을 도우실까? 이 질문에 거의 대부분의 전통주의자들은 그렇다고 대답하지만, 대부분의 현대주의자들은 아니다라고 대답한다.)

유대교 전승과 거의 모든 유대인들이 믿는 바대로, 하나님은 자신의 영을 사람들의 마음에 흘러 넣어 줌으로써 직접 인간들을 도우신다. 사람들의 마음에 영을 흘러 넣어 주는 방식은 기도에 대한 응답일 수도 있고, 신비스러운 교제일 수도 있고, 영혼의 정상적인 호흡일 수도 있다. 하나님은 인간들의 마음을 뚫고 들어가심으로써 그들이 지니고 있지 않던 힘으로 그들을 강하게 하시고, 비범한 통찰력을 갖게 하시며, 평소에는 없던 측은지심을 품게 하신다.

– 하나님은 인간과 사회의 해방자이시다.

하나님은 개인과 집단 안에서 활동하여, 인간이 자기 자신에게나 다른 인간들에 대해서 굴종하지 않도록 하시는 능력(Power)이다. 인간들 내면에 저항심을 촉발시키는 불꽃이요, 자유를 위해 강인하게 만드는 무쇠이다. 동시에 하나님은 독재자들의 마음을 완고하게 하시어 그들로 이성을 잃게 하시고, 더 이상 배우지도 망각하지도 못하게 되어 자멸에 떨어지게 하신다.

하나님이 주시는 해방은 모든 인간 집단이 다 경험해왔으나, 특히 이스라엘은 하나님께서 자신들을 애굽에서 강한 손과 편 팔로 건져내실 때 특별한 해방을 경험했다. 그러므로 출애굽 사건은 유대인들과 인류 가운데 많은 사람들에게 해방의 고전적 사건이다. 그리고 그 사건은 하나님께서 살아 계시므로, 정치적·경제적·정신적인 모든 예속이 타파될 날이 올 수 있다는 증거이다.

– 하나님은 영혼들의 구주이시다.

인간은 외부의 요인들뿐 아니라, 내면의 맹목과 유약함과 왜곡 때문에도 예속될 수가 있다. 그러므로 밖에서 건져내는 것으로는 충분하지 않다. 내면의 구원도 필요하다.

구원이란, 유대교 전승의 해석에 따르면 사후(死後)의 생명까지 내포할 수도 있다. 하지만 유대교의 관점에서 구원의 주된 무게 중심은 현세에 있다.

구원은 인간이 무지와 둔감 같은 자신의 여러 한계와 제약들을 이기는 것이다. 자신의 죄성(罪性), 내면에 도사리고 있는 악한 성향들 – 이를테면 교만, 이기심, 미움, 정욕, 냉소, 선과 진리에 대한 의도적인 배척 – 을 정복하는 것이 구원이다.

이러한 타락한 성향들에 대해서, 하나님은 구원자로 서 계신다. 하나님을 자각하는 것 자체가 구원의 능력을 발휘한다. 이 능력이 정신적으로 자신의 여러 한계와, 마음에 도사리고 있는 악에서 해방되도록 돕는다. 더 나아가 하나님께서는 비록 어느 때는 두려운 힘으로 인간을 사정없이 몰아붙이시고, 또 어느 때는 친절하게 인도하시지만, 언제나 인간을 영혼의 해방으로 인도하신다.

6. 하나님에 대한 다양한 관념들

이상의 내용이 유대교 전승이 말하는 하나님의 속성들이다.

하나님의 속성들이 허용하는 자유의 폭은 상당히 광범위하다.

각 속성은 융통성이 있어서 다양한 해석의 여지를 남긴다. 속성들은 다른 식으로 배열할 수도 있다. 그리고 각 사람이 무엇을 더 강조하고 상술하며, 무엇을 덜 강조하고 그냥 지나칠지 선택한다.

따라서 각 사람은 공통된 요소들에서 출발하여 지극히 주관적으로 하나님을 연상하는 일이 생긴다.

순진한 사람은 자신의 단순한 사고 방식에 따라 하나님을 이해하고, 정교한 사람은 자신의 치밀한 사고 방식에 따라 하나님을 이해한다.

합리주의자는 이성을 통해, 신비주의자는 직관을 통해, 전통주의자는 토라를 통해, 도덕주의자들은 선한 생활을 통해 하나님을 이해한다.

어떤 이들은 하나님에 관한 기존의 관념들을 현대 과학과 철학에 비추어 해석하고 수정하는 반면에, 다른 이들은 과거로부터 전해 내려온 형식과 내용을 그대로 견지한다.

이렇게 하여 결국에는 각 사람이 유대교 공동의 하나님을 자신의 하나님으로 만든다. 이것은 각 사람에게 독특한 관념으로서, 친근하고 사적이며 따라서 따뜻하고 강제력을 지닌다.

이렇게 하나님에 대한 개인화와 나란히 진행되는 것이 하나님에 대한 형상화이다.

형이상학적 성향을 지닌 신학자들의 주장을 믿는다면, 이 과정은 도저히 칭송할 만한 게 못 된다. 마이모니데스는 하나님이 육체가 아니시고, 육체와 유사한 점을 지니지 않으시며, 따라서 육체를 토대로 하나님을 올바로 유추할 수 없다고 주장했다.

하지만 그럴지라도 그러한 유추들이 이루어지는데, 보통 사람들뿐 아니라 그러한 유추를 옳지 않게 여기는 형이상학자들 사이에서까지도 그런 일이 이루어진다.

사실은 추상적 관념의 형상화란 불가피하다. 인간의 정신이 바로 그런 방식으로 기능한다. 인간의 사유 과정에 조야한 이미지든 세련된 이미지든 사용되는 것이다.

실제로 마이모니데스 같은 순수파의 주장에도 불구하고, 유대교 전승은 하나님에 대한 시각적 비유들이 패러독스 아닌 패러독스에 의해 비합법적이고 위험한 것으로 인식되고, 신중하게 제척된 뒤 무시되는 한에는, 대체로 그런 비유들을 비합법적이거나 위험한 것으로 간주하지 않았다.

그런 조건하에 제시할 수 있는 하나님에 관한 유비들은 셀 수 없이 많다. 유대 종교 문학은 그런 것들로 가득하다.

그러나 그러한 유비들을 정리해 보면 두 가지 큰 패턴이 나타난다.

첫째 패턴은 하나님이 세상으로부터 초연히 계시는 상태, 즉 타자성(otherness)을 강조한다. 둘째 패턴은 하나님이 세상에 가까이, 내부에 계심을 강조한다.

전자의 대표적인 예는 오늘날까지도 대 속죄일 전야에 전통파 회당들에서 낭송하는, 저자 미상의 중세 찬송에서 얻을 수 있다.

이 찬송 시는 긴 연(stanza)을 통해 인간과 세상의 하나님과의 관계를 점토와 토기장이, 돌과 석수장이, 철과 대장장이, 닻과 항해사, 유리와 유리 직공, 융단과 융단 직공, 은과 세공인의 관계로 묘사하는데, 무엇보다도 처음에 소개한 점토와 토기장이의 관계가 가장 만족스럽다.

이러한 관념들은 몇몇 근거에서는 받아들일 수 있고, 다른 몇몇 근거에서는 받아들일 수 없다.

그것을 받아들일 수 있는 근거는, 세상을 종교적 관점에서 바라볼 때 사실인 것 - 즉, 하나님의 생각과 행동의 동시적 목적 - 으로 묘사한다는 점에 있다.

그 점 - 이러한 이미지들의 의의는 바로 여기에 있다 - 을 제외한다면, 토기장이는 점토를 만들 수도 없고, 그 안에 거할 수도 없고, 그 존재의 토대를 세울 수도 없다. 하나님은 비유가 암시하는 만큼 세상으로부터 떨어져 계시지 않는다.

그러므로 하나님의 내재성을 강조하는 두 번째 패턴의 유비들을 살펴보게 된다.

이 패턴의 유비들에서도 유대교 전승은 풍부한 유산을 물려받았다. 유서 깊은 탈무드에는 신성(the Divine)을 쉐키나 곧 '가까운 임재'로 묘사한 예들이 있다. 그리고 카발라(Kabbalah, 중세에 형성된 유대교 신비주의 전승-옮긴이)와 하시디즘(Hasidism, 18세기에 폴란드에서 발생한 유대교 신비주의-옮긴이)이 하나님을 육체적 실재가 담긴 씨앗(the Seed)으로, 혹은 우주의 불길이 타오르게 하는 불꽃(the Spark)으로 형상화한 예도 있다.

이러한 노선을 따른 고전적 알레고리는 하나님을 '세계의 영혼'

으로 표현하는데, 이것이 랍비 문학에서 인용한 다음과 같은 설교
에 잘 나타나 있다:

시편에는 "내 영혼아 여호와를 송축하라"는 구절이 나온다.

다윗은 왜 자기 영혼에게 하나님을 송축하라고 말했을까?
그 이유는 다윗이 이렇게 말했기 때문이다. "영혼이 육체에 고
루 퍼져 있듯이, 하나님도 세계에 고루 퍼져 계신다……영혼이 육
체를 지탱하듯이, 하나님께서는 세계를 지탱하신다……영혼이 육
체의 죽음 이후에도 살아 남듯이……육체에 하나의 영혼만 있듯
이, 세계에도 한 분 하나님만 계신다……그러므로 육체의 영혼은
세계의 영혼이신 하나님을 송축하는 것이 마땅하다."

신성에 관한 이 비유는 몇 가지 점에서 첫 번째 패턴보다 분명
히 적절하다. 여기서는 하나님을 더 이상 우주와 동떨어진 분으로
묘사하지 않고 우주에 내재해 계신 분으로 묘사한다. 하나님을 우
주에 통일성과 생기를 부여하는 원리로 간주한다.
그럴지라도 이 이미지 역시 검증을 배겨내지 못한다. 왜냐하면
우리는 영혼과 육체가 다소 공존하고 서로 결정짓는다는 생각을
떨칠래야 떨칠 수 없기 때문이다. 하나님이 아무리 우주에 내재해
계시더라도, 우주를 초월해 계시며 우주로부터 독립해 계신 것이
사실이다.

한 가지 관념, 오직 한 가지 관념만 하나님의 동시적 내재성과 초월성을 이해하는 데 근접한다. 그것은 유대인 종교 문학에서 자주 발견할 수 있는 것으로서, 하나님을 아버지로 묘사하는 비유이다. 아버지는 한편으로는 자녀와 떨어져 있다. 하지만 다른 한편으로는 그가 자녀에게 존재와 인격을 물려주었기 때문에 자녀 안에 있기도 하다.

그러나 이 은유도 비록 다른 비유들보다 훌륭하고, 사랑과 자비에 관해 말할 수 있는 부가적인 유익이 있긴 하지만, 과도한 신인동형적(anthropomorphic) 성격을 띠는 한계를 안고 있다.

그렇다면 하나님을 적절하게 묘사할 수 있는 방법이 없는 셈이다. 우리는 인간인지라 형상들에 대한 충동을 뿌리칠 수 없다. 그러나 우리가 내놓는 알레고리들 가운데 어느 것도 어둡고 왜곡된 암시일 수 없듯이, 온전한 진리일 수도 없다.

부정적으로 말하자면, 하나님은 우리의 생각에 담기에 너무나 크신 분이다. 우리의 비유 체계로 그분을 담아내려고 하는 것은 양동이로 바다의 물을 퍼내려는 것과 같다. 비유 하나하나는 그분의 성품을 조금 담아낼 수 있지만, 그중 어느 것도 혹은 그것을 다 합하더라도 그분 전체를 담아낼 수는 없다.

중세의 신비주의자는 「영광의 찬송」(Hymn of Glory)이라는 찬송 시에서 이렇게 노래했다.

사람들이 많은 상징들로 주님을 비유해 왔으나,

그들의 모든 이미지들에도 불구하고 주님은 한 분입니다.

7. 거대한 그늘

하나님의 빛 저편에는 그늘이 드리워져 있다.

만일 하나님이 계신다면 세상이 왜 더 나아지지 않는가? 왜 갈수록 무질서와 고통으로 혼탁하고 어지러워져서, 가끔은 선하신 하나님의 작품으로 보이지 않고, 마귀의 산물로 보이는가?

이 두려운 질문은 유대교에서 하나님께 대한 신앙만큼이나 오래되었다. 유대교 전승도 이 질문에 한 마디로 대답하지 않는다. 대신에 이 문제와 씨름했던 모든 사람이 제시한 대답들을 총괄해서 제시한다. 그런데 어떠한 세대와 개인도 하나님의 길의 정당함을 입증해야 할 힘겨운 당위를 면치 못한 까닭에, 대답이 참으로 많고 다양하다.

그 대답들은 크게 다음과 같은 논리 군(群)들로 구분된다.

I. 악(惡)을 도덕적 기준으로 설명하려고 하는 이론들이 있는데, 그것을 간추리면 다음과 같다.

  1) 악은 개인이 범한 죄에 따라오는 결과일 수가 있다. 죄가 발각되지 않고 지나갈 수도 있고, 혹은 그 결과와 무관한 것처럼 보여서 겉으로 봐서는 형벌이 아닌 것 같아도, 실은 형벌인 경우가 적지 않다.

  2) 악은 사회가 범한 죄 – 비록 개인적으로는 잘못이 없을지

라도 - 에 따라오는 보응일 수가 있다. 따라서 개인은 사회가 주는 혜택을 누릴 때 사회의 범죄들에 대해 책임을 질 준비를 해야 한다.

3) 악은 인간이 도덕적 존재가 되는 데 필수적인 요소이다. 악이 없다면 인간이 어떻게 선한 것을 택할 수 있겠는가?

4) 악은 반드시 존재해야 한다. 그렇지 않으면 선도 존재하지 않을 것이며, 혹시 존재하더라도 의식되지 않은 채 지나가게 될 것이다.

5) 악은 인간의 인격에 없어서는 안 될 요건이다. 악에 시달리는 일이 없다면, 정의와 자비와 사랑을 계발하는 것은 고사하고라도 스스로 분발하는 일조차 없을 것이기 때문이다.

6) 악은 인간에게 자신의 본 바탕이 무엇인지 판단할 수 있는 시금석을 제공하며, 인간이 맞서서 투쟁함으로써 강하게 되게 하는 적(敵)이다. 그러한 투쟁이 없다면 승리도 있을 수 없다.

II. 악을 형이상학적 기준으로 설명하려고 하는 이론들이 있으며, 그것을 간추리면 다음과 같다.

1) 악은 실재가 아니라 선(善)의 부재일 뿐이다.

2) 악이 악하게 보이는 이유는 그것을 고립시킨 채 혹은 편견을 가진 채 바라보기 때문이다.

3) 사람들이 악이라 부르는 것들은 삶의 법칙이 자신들에게
불리하게 작용한 사례일 뿐이다. 만일 삶의 법칙에서 유
익을 취하려 한다면, 그 법칙이 자신들에게 불리하게 작
용할 때 불평하는 것이 과연 정당한가?

III. 악을 일시적이고, 따라서 종국에는 초월하고 회복하게 될
어떤 것으로 설명하는 이론들이 있으며, 그것을 간추리면
다음과 같다.
  1) 악은 사후의 생명에서, 그리고 장차 이 땅에 도래할 하나
  님의 나라에서 벌충되고 선하게 바뀔 것이다.
  2) 악은 인간의 발생 근거이거나 토대인 광물이나 식물, 동
  물 같은 실재(reality)의 하위 단계들이 인간의 조건으로
  들어와 살아남은 것이다. 이들의 흔적은 세월과 함께 하
  나님의 목적이 점차 밝히 드러남과 더불어 지워져 가다
  가, 마침내 인간이 완전하고 순결한 상태에 이르는 날이
  올 것이다.

IV. 마지막으로, 악은 설명할 수 없는 불가해한 수수께끼로서,
답이 있다면 오직 하나님만 아신다는 이론이다. 이것이 욥
기의 결말에 제시되는 교훈이다. 욥은 그 사실을 깨닫고 손
으로 입을 가린 채 자신의 무지를 통회하고 자백한다. 다음
과 같은 랍비의 경구의 의미가 바로 그것이다. "악인의 번

영과 의인의 고난을 설명하는 것은 우리의 소관이 아니다."

　이상의 내용은 유대교가 악의 주제에 관해 제시하는 많은 이론들 가운데 몇 가지이다. 개별적 유대인은 이 이론들 가운데 어느 하나를 택하여 자신에게 가장 적합한 반응을 내놓으면 된다.

　이에 대해 자연히 의문이 생긴다. "과연 그것이 유대교 전승이 인간의 절망적인 곤경에 대해 내놓을 수 있는 최선의 대답인가? '자, 여기에 다양한 시대에 유대교 내에 유행해온 몇 가지 견해들이 있으니, 너희가 직접 택하라. 하나를 택해도 되고, 전부를 배격해도 되고 전부를 택해도 되고 몇 가지만 택해도 된다'고 말하는 것보다 더 나은 조언이 없는가?"

　이 비판은 얼른 보면 공정해 보이지만, 곰곰이 생각해 보면 매우 불합리함이 밝혀진다. 우리는 지금 납득할 수 있는 신정론(神正論, 악의 존재를 신의 섭리로 설명하려는 이론—옮긴이)을 모색하고 있는 중임을 기억해야 한다. 다시 말해서, 악의 사실을 하나님의 존재와 조화시키는 악에 관한 설명을 우리는 모색하고 있는 것이다. 그러나 모든 신학 이론들을 덮을 만큼 광범위하고 크고 합리적인 신정론이란 당연히 존재하지 않는다. 오히려 악에 관한 신학 이론들은 저마다 각각 특정 신관(神觀)에 연관되어 있다. 그러나 유대교는 어떤 하나의 권위 있는 기준으로 하나님을 설명하지 않는 까닭에 자연히 하나의 공식적인 신정론을 제시하지 않는다.

좀더 분명하게 말하자면, 유대교는 앞서 언급한 대로 항상 사람들에게 - 각자 정당하게 행동하는 것을 전제로 - 여러 견해 가운데 하나를 선택하도록 하는 방향을 취해왔다.

악을 다루는 방법에서, 유대교는 제 특성을 유지한다. 사람들의 생각을 특정 견해로 통일시키려는 노력을 하지 않는다. 그러면서도 자신이 기대하는 바를 행동으로써 분명하게 나타낸다.

유대교는 개인이 악에 관해 어떻게 생각하든, 그것을 싸워서 극복해야 할 것으로 인식하기를 기대한다.

유대교는 사람들이 악의 희생자들을 보살필 것을 기대한다. 상(喪)을 당한 자들을 위로하고, 굶주린 자들을 먹이고, 헐벗은 자들을 입히고, 병든 자들을 고치고, 무지한 자들을 깨우쳐 주고, 억압당하는 자들을 변호해 주고, 예속된 자들을 해방시키기를 기대한다.

유대교는 악의 원인을 자연 세계와 인간 자신의 영혼과 사회에서 뿌리뽑기를 기대한다.

그리고 인간이 바로잡을 수 없는 악들, 어떤 방법으로도 정복하거나 고칠 수 없는 악들에 대해서, 유대교는 품위와 용기를 잃지 않고 그것을 인내함으로써, 그 독성과 상처를 믿음의 약으로 완화하고, 오히려 영혼을 맑고 순수하게 하는 데 그것을 이용하기를 기대한다.

유대교는 처음부터 지금까지 다음과 같이 말해온 듯하다. "반드시 이 신비를 해명하기 위해 노력하라. 하나님께서 여러분의 노력에 은혜 베푸실 것이다. 그러나 그 문제에 대한 실제적인 접근법이 항상 앞에 놓여 있음을 잊지 말라. 여러분에게는 인간에게 고통을 주는 악들 가운데 많은 것을, 혹시는 거의 대부분을 제거할 만한 능력이 있음을 잊지 말라."

유대교가 신자들에게 기대하는 것이 또 한 가지 있는데, 그것은 항상 신자의 기백을 잃지 말고, 어떤 어려운 상황에서도 악에게 굴복하여 도덕성을 빼앗기지 않도록 하라는 것이다.

하나님을 믿는 믿음은 설혹 인간이 세계의 악에 대해 속수무책인 경우에도 흔들리지 않는 견고한 토대 위에 놓여 있다.

그러므로 믿음은 믿음의 절개를 끝까지 지키려는 영적 책임 의식을 지닌 사람에게 부여된다.

오래 전에 고통과 슬픔에 매우 익숙했던 어떤 사람은 이렇게 말했다.

"주께서 나를 죽이실지라도 나는 주를 신뢰할 것이다."

8. 하나님과 인간 사이

하나님과 인간 사이에는 아무도 없다. 신인(神人)도, 천사도, 중보자도 없다. 대언도 개입도 필요치 않다.

영혼과 육체, 아버지와 자식, 토기장이와 토기 사이에 아무 것도 없듯이, 인간을 자기 영혼의 진정한 영혼이신 하나님, 자기 아버지요 자기를 지으신 분인 하나님과 구분하는 것은 아무 것도 없다.

인간들은 둔감하거나 당황하여 하나님이 자신들 곁에 얼마나 가까이 계시는지 모를 수가 있다. 그들은 자신들의 죄 때문에 하나님의 임재를 대할 자격을 스스로 잃고, 하나님으로부터 멀리 떨어져 있고 싶어할 수가 있다. 그러나 인간은 하나님을 멀리 밀어낼 수도 없고 소외시킬 수도 없다. 만일 하나님을 재발견하거나 하나님께로 돌아가야 할 필요가 생긴다면 그것은 인간 자신의 상황 때문에 채워야 할 필요이다. 마음의 눈이 멀었는가? 그는 스스로 보는 법을 배워야 한다. 남이 대신 봐 줄 수 없기 때문이다. 길을 잃었는가? 그는 스스로 집으로 돌아가는 길을 찾아야 한다.

다른 사람들이 그를 도울 수 있다. 그에게 용기와 안내와 교훈을 줄 수 있다. 뒤를 따라오는 그를 위해 길에 표시를 남길 수도 있고, 모범을 보일 수도 있다. 그러나 남이 대신 봐주는 것은 보는 것이 아니다. 교제는 하나님과 함께 하는 것이든 다른 사람들과 함께 하는 것이든 직접적이어야 하며, 그렇지 않으면 교제가 아니다.

정리하자면, 대인(代人) 구속이란 없다. 각 사람이 자기 영혼을 구원해야 한다.

V. 선한 생활

1. 생명의 선함

"하나님이 그 지으신 모든 것을 보시니 보시기에 심히 좋았더라."

이처럼 성경은 처음부터 훗날 수십 세기를 거쳐 유대교 전승에서 일관되게 울려 퍼지는 명제를 진술한다.

그것은 '생명이 선하다'는 것이다.

그러므로 인간은 생명을 귀중하게 여겨야지, 천시해서는 안 된다. 긍정해야지 부정해서는 안 된다. 생명을 신뢰해야지 그 가능성에 대해 절망해서는 안 된다. 생명의 배후에는 하나님이 계시기 때문이다.

생명은 선한 것이며, 생명을 올바로 영위할 경우에는 – 이것이 다른 모든 것에도 큰 조건이다 – 과연 생명이 선하다는 것을 발견할 수 있다.

성경에 기록된 바와 같다. "내가 오늘날 천지를 불러서 너희에게 증거를 삼노라. 내가 생명과 사망과 복과 저주를 네 앞에 두었

은즉 너와 네 자손이 살기 위하여 생명을 택하고 네 하나님 여호와를 사랑하고 그 말씀을 순종하며 또 그에게 부종(附從)하라."

2. 인간 - 그리고 그의 의지

인간이란 무엇인가?

흙으로 지어진 피조물이다. 그 날이 베틀의 북보다 빨리 지나가는 덧없는 것이다. 빈대보다 빨리 짜부라지는 취약한 존재다. 짐승들의 형상으로 스스로를 유지하고 번식하는 육체이다. 교만과 이기심에 따라 움직이고 격정에 휘둘리는, 수치와 혼동이 가득 채워진 그릇이다.

이 모든 것을 가리켜 유대교 전승은 '인간'이라고 한다.

그러나 인간에게는 그 이상의 것이 있다.

인간은 하나님이 자신의 모양과 형상으로 지으신 하나님이 작품이요 자녀요 형상으로서, 비록 무한히 열등하고 흠이 많을지라도 신성과 관련된 여러 가지 능력을 발휘한다. 생각하고 발명하는 능력, 선하고 아름다운 것을 자각하는 능력, 사랑과 동정을 느끼고 베푸는 능력, 의지를 자유롭게 발휘하는 능력이 그것이다.

그러므로 하나님을 닮기도 하고 짐승을 닮기도 한 인간에 관해서, 시편 저자는 거의 한 호흡으로 이렇게 노래한다.

"사람이 무엇이관대 주께서 저를 생각하시며 인자가 무엇이관

대 주께서 저를 권고하시나이까? 저를 천사보다 조금 못하게 하시
고."

인간 의지의 자유는 결코 절대적이지 못하다. 이 점은 유대교
전승도 흔쾌히 인정하며, 경험이 입증한다.

우리는 육체를 지니고 있기에 육체적인 모든 것들의 조건에 종
속되어 있다. 아무리 원할지라도 두 장소에 동시에 있지 못하며,
지금 주어진 시간 외에 다른 시간에서 동시에 살 수 없다. 더 나아
가 우리는 육체적 혹은 정신적 능력의 결핍 때문에, 출생과 더불
어 부과된 조건들 때문에, 우리 시대에 작용하는 거대한 사회적
세력들 때문에 제약을 당하며, 때로는 무능력에 떨어진다. 인간의
자유에는 가상적이고 실제적인 무수한 제약이 따른다. 그러나 그
안에는 항상 일정한 빈 공간이 남아 있다.

이 공간이 도덕적 판단이 이루어지는 무대이다. 이 공간은 왜소
하고 비좁을 수도 있다. 미리 결정되어 고착된 상황의 틈바귀에
난 작은 틈과 구멍에 지나지 않는 때도 많다. 그러나 그것조차 인
간의 사이즈에 넉넉하며, 인간이 자신의 소신과 열정을 드러내기
에 충분하다. 인간이 내리는 결정은 그가 어느 정도까지나 자신의
결정을 견지하든, 그것을 견지하기 위해 얼마나 힘겹게 노력하든,
그의 자질과 가치를 확립하기에 충분하다.

이것이 3세기 팔레스타인의 랍비 하니나 벤 파파(Hanina ben
Pappa)가 제시한 예리한 통찰이다. 그는 인간이 어머니의 배에

잉태되기도 전에 하나님께서 이미 "그가 강할지 약할지, 명철할지 미련할지, 부유할지 가난할지" 다 정해 놓으셨다고 주장한 다음, 다음과 같이 덧붙인다. "그러나 그가 악할지 선할지는 정해놓지 않으신다. 더욱이 하나님은 이런 일을 미리 정하실 수 없다. 왜냐하면 〔그보다 초기에 활동한 동명이인의 랍비 하니나에 따르면〕 '하늘에 대한 인간의 경외를 제외하고는 모든 것이 하늘의 손에 있기 때문이다."

3. 선의 본질

창세기는 선악을 아는 것을 가리켜 하나님과 같이 되는 것이라고 말한다. 확실히 선악을 아는 것은 인간에게 가능할 뿐 아니라 인간의 독특한 본질이다.

그렇다면 선이란 무엇인가? 선은 무엇으로 구성되는가?

경험으로 아는 대로, 선은 무수히 다양한 행동과 반응과 기분과 생각과 욕구와 소원인데, 그 대부분이 서로 무관한 것처럼 보인다. 그렇다면 선이란 말뿐이며, 인간이 상황에 따라 인정하는 어떤 것과 모든 것이 망라된 잡동사니 그릇인가? 아니면 선은 자체의 특성을 지니는가? 선의 사례들 가운데 공통 분모라고 할 만한 게 있는가?

이런 문제들에 대해서, 유대교는 신학이 그러하듯 구체적이며, 구체적인 답변을 기한다. 유대교가 주장하는 선이란 이름 이상의 것이다. 인간들과 그들의 행위에 객관적으로 존재하는 자질(quality)이다. (선은 도덕적 가치를 띠는 한에는 대상들과 세력들과 상황들에도 존재할 수 있다.) 이 자질을 표시하고 묘사하기 위해서 유대교는 다양한 표현들을 사용한다. 표현의 가짓수가 워낙 많다고 오해해서는 안 된다. 그것은 모두 동일한 실재 혹은 동일한 실재의 상이한 양상들을 나타낸다.

유대교 전승이 말하는 선이란 다음과 같다.

− 하나님의 뜻을 행하는 것. 육체적인 것들이 자연 법칙에 순응하듯이 인간이 하나님의 도덕법에 순응하는 것이 선이다.

− 하나님의 영광을 드러내는 것. 인간이 자신과 다른 사람들과 사회로부터 고상한 면을 이끌어 내어 만물에 내재하는 신성을 드러냄으로써 "여호와께서 과연 여기 계시거늘 내가 알지 못하였도다"고 한 야곱처럼 인류로 하여금 경이감에 사로잡히게 하는 것이 선이다.

반대로, 유대교 신비주의의 용어를 빌자면, "[하나님의] 임재를 세상에서 밀어내는 것"이나 "신성의 키를 줄이는 것"이 악행의 본질이다. 다시 말해서, 악행은 인간에게 하나님을 깨닫고 믿기 어렵게 만든다.

− 하나님의 이름이 거룩히 여김을 받게 하는 것. 고결하고 아름다운 인생을 영위함으로써 영광이 하나님께 돌아가게 하는 것이 선이다. 의로운 행위나 친절한 행위는 반드시 그러한 결과를 낸다. 그러므로 유대교 전승은 그러한 행위 하나하나가 "그 이름을

거룩하게 하는 일"을 이룬다고 말한다. 이 개념은 평범한 인간 행위들에도 적용되지만, 특히 사랑과 정의와 진리를 위해 자신을 용감하게 내던지는 행위에 잘 어울린다. 실제로 '순교'라는 뜻의 히브리어는 다름 아닌 키두쉬 하쉠(그 이름을 거룩하게 함)이다. 인간이 고귀한 이상을 위해 생명을 내놓을 때, 하나님이 가장 큰 영광을 받으시는 것이다.

　– 하나님을 닮는 것. 인간 영혼이 거룩한 품성을 드러냄으로써 자신의 기원이 하나님께 있음을 강조하는 것이 선이다.

　이것이 다음 성경 말씀의 의미이다. "오직 너희 하나님 여호와를 친근히 하기를 오늘날까지 행한 것 같이 하라."

　이것이 옛 성현의 권고의 취지이기도 하다. "우리는 힘써 하나님을 닮아야 한다. 하나님께서 자비로우시고 은혜로우시니, 우리도 그렇게 되기를 힘쓰자."

　– 하나님 나라를 증진하는 것. 하나님께서 인간들과 인간 세상에서 자유와 진리와 선이 충만하게 되도록 일하실 때, 하나님과 함께 협력하는 것이 선이다.

　이상의 내용을 유대교 도덕을 다룬 주요 경전의 표현으로 바꾸자면 이와 같다:

　인간이 선을 행한다는 것은 토라의 계명들인 미츠보스(Mizvoth)를 준행하는 것이다. 이것을 행하는 자는 나머지 것도 다 행하는 것이다. 그는 하나님의 뜻을 순종하고, 하나님의 영광을 드러내고, 그 이름을 거룩하게 하고, 하나님을 닮고, 하나님 나라가 땅에 속히 오도록 한다.

4. 인간과 하나님 사이

계명들을 지키는 것……

계명들 가운데 첫째 계명은 하나님을 사랑하는 것이다.

이것이 서열에서 첫째인 이유는, 십계명이 "나는……너의 하나님 여호와로라"는 선포로 시작하기 때문이다.

이것이 논리상 첫째인 이유는, 이 계명에서 유대교의 나머지 도덕률을 연역할 수 있기 때문이다.

이것이 기원상 첫째인 이유는, 이 계명에서 유대교가 나왔기 때문이다.

더욱이 하나님을 사랑하는 일은 보통 사람에게 너무 어렵거나 높은 낯설고 난해한 덕목이 아니다. 정 반대로, "오직 그 말씀이 네게 심히 가까워서 네 입에 있으며 네 마음에 있은즉 네가 이를 행할 수 있느니라"는 모세의 말과 같다.

권위와 위엄만 빼놓는다면, 하나님을 사랑하는 것은 인간이 육체가 아닌 것, 육체와 관계가 없는 것을 사랑하는 것과 흡사하다. 그러한 '플라톤적' 사랑은 상대에 대한 강렬한 자각, 상대의 본성에 대한 존중, 상대의 존재에 대한 감사, 상대를 이해하고, 상대와 화목하고, 상대의 목적 성취를 돕고, 상대의 이름을 빛나게 하고,

그 위에 자신의 생애를 세워 가려는 의욕으로 구성된다.

앞 단락에서 '하나님'이라는 단어 대신에 '다른 사람'을 대입하고, 그렇게 숭엄한 대상에 적합한 위엄과 열정을 부여하면, 하나님 사랑과 유사한 어떤 것이 나타난다.

하나님에 대한 사랑과 균형을 이루는 하나님에 대한 경외는 무한한 위대함에 대한 경외, 형언할 수 없는 신비 앞에서의 위축, 인간의 취약함에 대한 자각 등 많은 요소들로 이루어져 있다.

하나님에 대한 경외에는 세 가지 두려움이 담겨 있다.

– 토기장이의 녹로(轆轤)에 올려진 점토가 자신이 어떤 그릇으로 빚어지면서 맞이하게 될 운명에 대해 느끼는 두려움.

– 율법을 범한 자가 판사 앞에서 느끼는 두려움.

– 자신 앞에 파멸이 기다리고 있을지도 모르고, 자신이 이뤄놓은 일이 과학의 원리들에서 조금이라도 빗나갈 수도 있음을 아는 엔지니어의 두려움.

어느 사회든 하나님에 대한 두려움 때문에 불편을 느끼는 개인들이 있다. 그들은 감상주의자들이거나, 속에 욕심과 생각이 많은 사람들이거나, 사물의 본질을 모르거나 겁이 많아 그것을 똑바로 대면하지 못하는 사람들이다. 실재를 있는 그대로 바라보지 못하는 사람, 즉 유쾌함과 괴로움, 온유함과 격렬함, 위로와 위협을 동시에 바라보지 못하는 사람은 하나님께서 사랑의 대상일 뿐 아니라 두려움의 대상도 되시는 사실에 의문을 제기할 것이다.

그럼에도 불구하고, 유대교 전승은 둘 사이에 사랑 – 랍비 아키

바(Rabbi Akiba)가 다음 말로 가르친 – 이 더 강하다고 말한다:
"성경에는 '너는 마음……을 다하여 주 너의 하나님을 사랑하라'고
기록되어 있다."

랍비 아키바는 이렇게 설명했다. "그 말씀은 주께서 여러분의
영혼을 거둬 가시는 순간에도 그리하라는 뜻이다."

(그렇게 말한 그는 자신의 가르침을 실천하기 위해서 순교의 형
장으로 나갔다.)

유대교는 임종을 앞둔 사람에게 "이스라엘아 들으라 우리 하나
님 여호와는 오직 하나인 여호와시니"라고 선언하도록 규정함으
로써, 사랑이 무엇보다 우월하다는 이러한 직관 위에 서 있다.

이러한 확신 때문에 유대교 전승에 카디쉬 기도 – 가족과 사별
한 유족이 암송하도록 만든 기도 – 가 실렸다: "주께서 자신의 뜻
대로 창조하신 세계에서 주의 크신 이름이 높임과 거룩히 여김을
받으시오며, 주의 나라를 세우시기를 바라나이다……."

이처럼 인간이 땅에 태어나 맞이하는 마지막 신비이자 가장 두
렵고 치열한 시련 앞에 복종한 영혼은 자신을 일으켜 세워 생명과
하나님을 다시 확증한다.

그 가운데 하나님에 대한 사랑이 절정과 승리에 도달한다.

5. 마음의 의무들

인간이 항상 가장 친밀하게 대하는 대상은 자기 자신이다. 따라

서 인간은 자신의 사적인 존재에 영향을 주는 원리들, 즉 11세기의 도덕주의자인 바니아 이븐 파쿠다(Bahya ibn Pakuda)가 "마음의 의무들"이라고 부른 계율들을 시급히 체득해야 한다.

이 원리들 중에서 하나는 앞장에서 언급한 것으로서, 하나님 앞에서 지니는 사랑과 두려움이라는 복합적인 심정이다.

그 다음에 오는 것이 이해(understanding)의 의무이다. 이해가 이처럼 중요한 의무인 이유는, 사람이 생각하고 느끼고 당위대로 행동하는 데 적합한 것이 무엇인지 알아야 하기 때문이다. 그러므로 고대의 랍비들은 "무지한 사람은 참된 신자가 될 수 없다"고 말하곤 했다.

이성적 삶은 인간이 자기 안에 거하시는 신성을 드러낼 수 있는 꼭 필요한 방법이다. 하나님이 이성이시지 않은가? 하나님과의 친밀한 관계를 잘 나타내거나 하나님의 본성을 좀더 효과적으로 닮을 수 있는 길이 진리를 배워 가는 데 있지 않은가?

그러므로 모세스 마이모니데스가 종교 생활의 절정과 인간의 완성이 "지고한 지적 기능들과 참된 형이상학적 견해들로 이끄는 개념들을 소유하는 것"에 있다고 주장했을 때, 그것은 아리스토텔레스주의자로서 밝힌 소신이기도 했지만 그에 못지 않게 유대인으로서 밝힌 소신이기도 했으며, 여러 세기 뒤에 "나는 지적인 신을 사랑한다"(amor intellectualis dei)고 말한 스피노자도 마찬가지였다.

유대교 전승의 주류는 그다지 멀리 가지 않는다. 유대교 전승의

시각에는 도덕이 지식 위에 있으며, 자비와 정의의 마음이 머리 –
아무리 총명하고 박식할지라도 – 위에 있다. 그러나 이해는 비록
가치관 삼각형의 꼭지점에 있지는 않지만 한참 아래에 있지도 않
다. 그리고 유대교의 영웅들이 비록 현자들이기 전에 선인들이긴
했지만, 대개는 선할 뿐 아니라 지혜로웠다.

지혜와 지식은 같은 것이 아니다. 책을 통해 얻는 지식과 거리
가 먼데도 경험과 숙고를 통해서 인생의 근본 도리들을 체득한 사
람들이 적지 않다. 반면에 공부를 많이 했는데도 인생을 어리석게
살아간 사람들도 많다. 그런 사람들에 대해서 랍비 문학은 "책을
잔뜩 짊어진 나귀들"이라는 신랄한 표현을 사용한다.

그러나 지식이 지혜에 반드시 필요하지 않다 하더라도, 대체로
는 지식이 지혜에 이르는 중요한 첫 걸음이다. 유대교 전승은 아
주 자연스럽고 지혜롭게도, 신자들에게 지식을 얻을 것을 당부하
되, 먼저 지식 자체를 얻고, 거기서 더 나아가 총체적인 지식을 얻
어나가라고 조언한다.

여러 종교들 가운데 유독 유대교는 배움을 신성한 일로, 학문을
거룩한 추구로 여긴다. 또한 유대교만큼 도덕성을 학문에 요긴한
조건으로 생각하는 종교도 없다.

이 주제와 관련하여 유대교 전승에서 무작위로 몇 대목을 발췌
해 보았다.

공부하는 자세에 관하여:

"부끄러워하는 자는 배우지 못하며, 참을성 없는 자는 가르치지 못한다."

"공부 시간을 정해 두라."

"토라를 공부하는 방법은 이러하다. 소금 친 빵을 먹지 말고, 소금 간한 물을 마시지 말고, 맨바닥에서 잠을 자라. 토라를 공부하는 동안에는 고생을 자처할 일이다. 하지만 고생을 참고 공부를 해나간다면 그것은 잘하는 일이며, 그대는 행복한 사람이다."

학자들이 범하기 쉬운 지적 교만의 위험에 관하여:

"포도주를 은이나 금 그릇에 보관하지 않고 질그릇에만 보관하듯이, 지식도 겸손한 마음에만 온전히 보존된다."

"토라를 물에 비유하는 이유가 무엇인가? 그것은 물이 반드시 높은 곳에서 흘러내려 낮은 곳에 고이듯이, 사람들 가운데 지혜도 마찬가지임을 그대에게 가르치기 위함이다."

지식의 품위에 관하여:

"출신은 천하지만 학자인 사람이, 대제사장이면서 아는 체하는 바보보다 낫다."

자기 기만의 위험에 관하여:

"하나님을 마음으로 뿐 아니라 사람들 앞에서도 경외해야 하고,

진리를 항상 인정해야 하고, 진리를 자기 마음에 대고 말해야 한
다."

독서의 즐거움에 관하여 중세의 석학이 주는 조언:
"내 아들아! 책으로 벗을 삼으라. 책 상자와 선반을 그대의 놀이
터와 정원을 삼으라. 책들의 낙원에서 빛을 쬐며, 거기서 열매를
거두고, 장미를 따고, 향료와 양념을 얻으라. 그곳이 물리고 싫증
나면 이 동산에서 저 동산으로, 이 꽃밭에서 저 꽃밭으로, 이 경치
에서 저 경치로 옮기라. 그러면 그대의 의욕이 새로워질 것이요,
그대의 영혼이 기쁨으로 충만하리라."

또 다른 중세 유대인의 유언:
"[나의 자녀들 가운데] 각 사람은 항상 집안에 탈무드나 그와
유사한 책들을 놓을 수 있는 책상을 두어, 집안에 들어오면 항상
책 읽을 마음이 생기게 하라."

마지막으로, 진리를 고수해야 할 - 필요하다면 전능하신 하나
님께 비추어 봐서라도 - 의무에 관하여: (다음 내용은 탈무드에서
발췌한 전설이다.)

유대교 전승은 랍비 엘리에제르(Rabbi Eliezer)가 동료들을
설득하지 못한 채 생각할 수 있는 모든 논증을 제시했다고 전한다.

그는 동료들에게 "만일 율법이 내 견해와 일치한다면, 욘 카롭 나무가 그것을 입증할 것이다" 하고 말했다. 그러자 카롭 나무가 그곳에서 백 규빗 떨어진 장소로 옮겨갔다!

그러자 그들은 "카롭 나무가 무슨 증명 가치가 있단 말인가?" 하고 대응했다.

그는 그들에게 두 번째로 말했다. "만일 율법이 내 견해와 일치한다면, 욘 시내가 그것을 입증할 것이다." 그러자 시냇물이 거꾸로 흐르기 시작했다!

그러자 그들은 "시냇물이 무슨 증명 가치가 있단 말인가?" 하고 대응했다.

그는 다시 그들에게 말했다. "만일 율법이 내 견해와 일치한다면, 이 대학의 담장이 그것을 입증할 것이다."

담장이 곧 붕괴될 기미를 보이자, 랍비 요수아(Rabbi Joshua)가 담장을 향해 꾸짖었다. "학자들이 서로 변론하고 있는데 네가 감히 뭐라고 끼어 드는가?"

곧 무너질 것 같던 담장은 랍비 요수아를 존경하여 무너지지 않았으나, 랍비 엘리에제르에 대한 존경 때문에 오늘날까지 비스듬히 기운 채 남아 있다.

랍비 엘리에제르가 다시 입을 열었다. "만일 율법이 내 견해와 일치한다면 하늘이 그것을 입증할 것이다."

그러자 하늘로부터 "랍비 엘리에제르는 항상 율법에 부합한 견해를 내놓는데, 너희가 어찌 그를 반대하느냐?"는 음성이 들렸다.

음성을 들은 랍비 요수아는 자리에서 일어나 이렇게 말했다. "토라는 자체에 관해서 '그것은 하늘에 솟아 있지 않다'고 공포한다. 시내 산에서 토라가 부여된 뒤로 우리는 하늘의 음성에 신경을 쓰지 않고, 토라의 명령대로 다수의 견해를 따르는 것이다."

이 이야기를 읽으면 욥의 도도함이 유대교에서 별난 것이 아니었다는 것과, 욥이 하나님 앞에서 양심의 결백을 주장했던 것처럼, 유대교도 신자들에게 사람들과 사람들의 오류에 대해서 뿐 아니라, 혹시 이런 상상이 가능하다면, 하늘의 천사들에 대해서도 이성을 변호할 것을 기대한다는 것이 분명해진다.

6. 고귀함과 비천함

인간답다는 것은 안다는 것이다. 인간이 알 수 있는 것들 중에서 가장 놀라운 것은 아마도 그가 인간이라는 사실일 것이다. 랍비 아키바는 이렇게 말했다. "귀한 것은 인간이다. 인간은 하나님의 형상으로 창조되었기 때문이다. 그러나 특히 더 귀한 것은 인간에게 자신이 하나님의 형상으로 창조된 사실을 알게 해주는 은혜다."

인간 안에 신적 요소가 거한다는 말에는 두 가지 뜻이 흐른다:

인간은 스스로 자존(自尊)을 세울 의무가 있다. 내면에 하나님의 불꽃이 번득이는 존재에 걸맞은 기품 있는 생각과 행동을 인간은 내놓아야 한다.

그리고 인간은 자신의 개성을 표현할 의무가 있다. 인간은 하나님의 형상을 지닌 존재기에 독특한 개성을 지닌다. 온 세상을 통틀어 똑같은 개인은 없다. 그러므로 인간은 자신의 독특성을 발견하고 계발해야 한다. 그렇지 않으면 신성의 어떤 면이 영원히 성취되지 않은 채 잠재의 영역에 묻히고 말 것이다.

지금까지 살펴본 마음의 의무들은 모두 인간을 높이 평가하는 견해를 자극한다. 그러나 그러한 평가는 조금만 과장되더라도 교만이 될 수 있다. 그러므로 유대교 전승은 신중하게 겸손의 계명을 개인의 도덕성에 포함시킨다.

인간은 창조계의 면류관일 수도 있지만, 그럴지라도 여전히 피조물이다. 인간은 인간 스스로 존재한 게 아니라 하나님이 창조하셨으며, 하나님께서 인간의 기능들과 그의 세계도 지으셨다. 게다가 인간은 유익을 끼치더라도 아주 잠시 그럴 뿐이고, 대부분의 시간을 게으르고 불성실하게 보낸다.

그러므로 인간은 자신의 고귀함뿐 아니라 비천함도 기억하고 겸손해야 한다. 자신이 천사보다 조금 못하다는 의식을 짐승보다 나은 게 없다는 자각으로 상쇄해야 한다. 한 마디로 겸손해야 한다. 겸손이란, 인간이 자신을 실제보다 더 높게 평가하지 않는 균형이다.

7. 육체와 영혼

처음에는 이교 세계를 괴롭히다가 나중에 기독교 세계를 괴롭힌 육체와 영혼 사이의 긴장은 유대교 안에서 완화된다. '인간이 자기 육체와 정신 중 어느 것을 만족시켜야 하는가?'라는 오래된 질문에 대해서, 유대교는 '둘 다'라고 대답한다.

그러나 둘 사이에 갈등이 생기면 어떻게 해야 하는가? 마음의 욕구는 이 쪽을 택하고 양심은 저 쪽을 택할 때, '욕구'와 '당위' 중간에서 이러지도 저러지도 못할 때는 어떻게 해야 하는가? (실제로 그런 경우가 적지 않다.)

이런 정신적 궁지에 처할 때, 사람들은 대체로 두 가지 탈출구 중 하나를 취해왔다. 하나는 육체에 굴복하고 영혼을 잊는 것이고, 다른 하나는 영혼을 중시하고 육체를 억압하는 것이다. 하지만 어느 쪽도 실제적인 도움이 되지 못했다.

육체의 정욕은 사람들을 행복하게 만드는 경우가 드물고, 종종 그들을 병들게 한다. 이것은 방종이 무절제한 호색의 형태로 나타나든, 에피쿠로스의 조언대로 신중하게 나타나든, 다니면 월터 페이터(Walter Pater, 1839-94. 영국의 비평가, 소설가. 예술 지상주의를 제창함-옮긴이)의 권고대로 세련되고 섬세하게 나타나든 상관없이 항상 그랬다 .

다른 탈출구는 금욕주의이다. 금욕주의는 고대 이교 세계에서는 플라톤과 플로티누스가 가장 잘 대표했고, 역사적 기독교에서는 다소의 바울이 항구적인 요소로 만들었다. 이 견해에 따르면 육체와 육체의 정욕들은 악하며, 영혼을 현세적인 일들에 얽매이게 할 뿐이다. 그 가운데서 육체가 처음에는 타락하고, 다음에는 멸망에 떨어진다. "육체는 무덤이다"(soma sema esti)라고 한 고대 그리스 신비주의자들의 견해가 그것이었다. 그러므로 인간은 육체를 부인하는 것 외에는 다른 대안이 없다.

불행하게도 이 이론은 반대 편 대안보다 나은 게 없었다.

첫째로, 이 이론은 실천 불가능하다. 육체는 억누른다고 해서 굴복되지 않는다. 육체를 억누르려고 하면 자신을 철저히 감시하고 단속하느라 정신의 다른 기능들이 활동할 여력이 남지 않는다.

둘째로, 이 이론은 자기 모순을 낳는다. 그 논리적 결과에 꿰어 맞춰 획일적으로 밀어붙이다 보면 개인은 죽고 사회는 해체된다.

셋째로, 금욕주의는 음행과 거짓 정절을 조장한다. 금욕주의가 혼인과 애정 관계에 끼치는 영향은 특히 더 불행하다. 성적 욕구를 지급한 것으로 폄하하는 까닭에, 많은 남성이 욕구로 인해 자신을 비하하고, 욕구를 채운 일로 인해 수치감을 느껴왔다. 혼인을 인간의 연약함에 대한 타협으로 인식함으로써, 제대로 유지하기만 하면 모든 인간 관계 가운데 가장 사랑스럽고 고귀하게 되는 것을 차선의 자리로 끌어내렸다.

유대교는 향락주의와 금욕주의를 모두 회피해왔다.

예를 들어, 유대교 전승은 무절제한 방종을 인정하지 않는다. 실제로 고대의 랍비들은 '에피쿠로스주의자'라는 단어를 온갖 부정과 죄악을 저지를 수 있는 사람을 가리키는 별명으로 사용할 정도로 무절제한 방종을 비판했다.

그러나 유대교는 한 쪽 방향에서 감각주의와 관계를 두지 않듯이, 다른 쪽 방향에서는 금욕주의와도 거리를 둔다. 육체는 영혼 못지 않게 하나님의 작품인 까닭에 본래부터 악할 수가 없다. 자기 부인은 필수적인 덕목이 아니다. 오히려 자기 부인은 육체적 건강과 정신적 안정을 해침으로써, 혹은 행복을 차단함으로써 심각한 죄가 될 수가 있다. 유대교 전승은 인생을 즐기는 것이 인간의 의무라고 가르친다. 종교의 기능 가운데는 그렇게 하도록 돕는 것도 있다. 그렇다면 쾌락은 단지 합법적이어야 할 뿐 아니라, 더 나아가 의무여야 한다.

그러므로 성경은 "너는 여호와로 인하여 즐거워하겠고" 하고 말하는 것이다. 이 구절을 랍비들은 예배와 연구, 선행 같은 정신적 즐거움뿐 아니라, "음식과 음료, 의복과 사귐" 같은 육체적 즐거움까지 포함시키는 방식으로 해석한다.

마찬가지로, 고대의 현자는 이렇게 판단한다: "합법적인 쾌락을 알고도 사용하지 않는 사람은 그것을 가능하게 만들어 주신 하나님께 배은망덕한 것이다."

정리하자면, 역사적 유대교는 비록 금욕적 경향을 띠었던 경우가 많긴 했지만, 그럼에도 불구하고 그것을 규범으로 채택한 적이 없었다.

그러나 인간 본성에 자리잡고 있는 악한 욕구들, 이를테면 이기심과 교만, 육욕은 어떠한가?

물론 그런 것들이 존재한다. 유대교 전승은 그런 욕구들의 기원과 본질, 그리고 제어 방법에 관해서 많은 말을 한다. 하지만 그 가운데 치유 불가능할 정도로 악한 것은 없다. 각각이 상황에 따라 유익을 끼치는 데 기여하기도 한다. 랍비 나만 벤 사무엘(Rabbi Nahman ben Samuel)은 다음과 같이 예리하게 주장했다.

"만일 '악한 욕구'가 없다면, 이 세상에 집을 짓고, 아내를 얻고, 자녀를 낳고, 사업을 벌일 사람은 아무도 없을 것이다."

인간의 특성 가운데 가장 위험한 이기심조차 유익하게 쓰일 때가 있다. 약간의 이기심은 필수 조건(sine qua non)이다. 힐렐(Hillel, B.C. 1세기-A.D. 1세기의 랍비로서, 최초로 율법 해석 방법을 수립한 인물-옮긴이)은 "만일 내가 나 자신을 위하지 않는다면 누가 나를 위해줄 것인가?" 하고 말한 다음, "만일 내가 나 자신만을 위한다면 대체 무엇이 되겠는가?" 하고 덧붙였다.

경쟁심도 그에 따른 온갖 폐단에도 불구하고 선에 기여할 수 있다. "학자들의 경쟁이 지혜를 증가시킨다"는 말이 빈말이 아니다.

욕구들은 그것들을 어떻게 통제하는가, 그리고 어떤 목표를 지향하도록 하는가에 좌우된다.

이 점에서 유대교는 문제 해결에 특히 이바지한다.

유대교 전승은 육체를 괴롭혀서도 안 되고 풀어놓아서도 안 되며, 다만 거룩하게 해야 한다고 주장한다. 이 주장의 의미는 다음과 같다.

- 첫째, 토라가 규정한 윤리적 원칙들을 받아들여야 한다. (유

대교 전승은 그것을 가리켜 토라의 '멍에'라고 부른다.) 도덕법을 준수하기로 했으면, 그 법이 육(肉)과 영(靈) 가운데 하나를 판단하도록 허용해야 하고, 그 법이 승인하는 것은 행하고 금하는 것은 하지 말아야 한다.

- 둘째, 아무리 천하거나 세속적인 일을 하더라도 케두샤, 즉 거룩함으로 덮어야 한다. 신적이고 이상적인 방향을 부여해야 한다.

음식을 즐기는 것은 정당하고 좋은 일이다. 그러나 식사가 허기를 채우는 정도에 그쳐서는 안 된다. 식사는 가족의 유대를 강화하고, 우정을 돈독히 하고, '토라와 지혜의 말씀'을 주고받는 기회가 되어야 한다. 식사는 기도로써 거룩하게 되어야 한다. 이렇게 해야만 식사를 왕성하게 하면서도 짐승처럼 되지 않을 수 있다. 식탁은 제단이다.

성(性)도 사랑이 가득한 결혼 생활 안에서 거룩해진다. 결혼 역시 정욕을 해소하기 위한 차원에 머물러서는 안 된다. 정 반대로, 유대교 전승은 사랑의 관계를 인간 정신의 숭고한 모험으로 바라본다. 남녀가 독신 생활을 청산하고 하나가 되는 기회는 서로를 굳건히 세워주고 연약할 때 뒷받침해 주며, 이타심과 동정 베푸는 법을 터득하게 하고, 공동체의 신앙 유산을 다음 대에 물려주는 데 도움이 된다.

위와 같은 이유로, 유대교는 결혼하여 자녀를 낳는 것을 사람의 의무로 규정한다. 반대로, 결혼하지 않는 것을 육체의 건강과 영혼의 충만함과 사회의 건강을 해치는 3중의 죄악으로 간주한다.

이러한 명제를 토대로, 고대의 랍비들은 매우 기발한 언어 유희를 고안했다:

'남자'라는 뜻의 히브리어 이쉬(Iish)에는 '여자'라는 뜻의 이샤(Ishah)에 없는 'i'가 들어 있다. 마찬가지로 이샤에는 이쉬에 없는 'h'가 들어 있다.

그런데 'i'와 'h' 두 자를 합쳐 놓으면 '하나님'에 해당하는 히브리어 성호(聖號)가 된다. 반면에 이쉬와 이샤에서 두 자를 떼어내면 '불'이라는 뜻의 에쉬가 된다.

이 언어유희의 교훈이 무엇일까?

거룩하시고 이상적이신 하나님을 남자와 여자의 관계에서 배제하면 두 사람은 타오르는 불로 바뀐다.

그러나 하나님께서 두 사람 사이에 게시면 두 사람의 인격이 온전해진다. 남자는 남자답게, 여자는 여자답게 되고, 두 사람이 서로에게 참된 남편과 아내가 된다.

8. 동료 인간과의 관계

나는 내가 하나님과 관계를 맺고 있는 사실과 내 존재의 고유성으로 인해 나 자신에게 감사해야 한다.

그러나 내 이웃도 나와 입장이 같다. 그 역시 하나님의 자녀인 동시에 독특한 존재이다.

그러므로 동료 인간에 대한 의무를 물을 때, 오직 한 가지 대답만 인정할 수 있다. 그것은 동료 인간과의 관계를 단절해서도 안 되고, 내가 스스로에게 지니는 존경과 열정과 자유를 다른 사람들이 가로막도록 놔두어서는 안 된다는 것이다.

이 의무에는 예외가 없다. 모든 인간이 나와 더불어 하나님께 참여해 있기 때문에, 인종과 종교와 피부색과 사회적 지위와 경제적 계급 같은 이유로 존중의 대상에서 배제해서는 안 된다.

더 나아가 이 의무에는 한계가 없다. 동료 인간을 일정한 선 이상으로 사랑해서 안 된다는 법이란 없다. 오히려 반대이다. 그는 하나님께 속한 어떤 것을 지니고 있기에 그의 도덕적 가치는 무한하다.

이 말을 구체적으로 표현하자면, 동료 인간을 나의 목적을 이루기 위한 수단으로 사용해서는 안 되고, 언제나 그 자신을 목표로 대해야 한다. 어떤 형식으로든 그를 해치거나 억압하거나 착취하거나 모욕해서는 안 되며, 그의 권리를 박탈해서도 안 된다. 더 나아가 그를 속이거나 그에게 사실을 차단해서도 안 된다. 오래 전에 랍비들이 지적했듯이 억압은 행동뿐 아니라 말로도 가해질 수 있기 때문이다. 마지막으로, 그가 자신의 재능과 성향과 양심에 따라 자신을 성취하는 것을 방해하거나 제약해서는 안 된다.

이 모든 일에서 나는 내가 그에게 행하려는 것과 똑같이 그도 나에게 행해줄 것을 기대할 권리가 있다. 그는 하나님의 자녀라는 점에서 나 이상도 아니고 이하도 아니다. "인간은 자기 자신의 가장 가까운 친척이다"라고 랍비들은 말한다. 만일 내가 동료 인간의 권리와 존엄을 지켜줄 의무가 있다면, 나 자신을 지킬 의무도 그에 못지 않다.

유대교의 관점에서 볼 때, 나는 다른 뺨을 돌려댈 의무가 없다. 특히 부당하게 뺨을 맞았다면 더욱 돌려대서는 안 된다. 악을 배척하기보다 견뎌야 한다는 이론은 항상 법을 지키는 쪽보다 어기는 쪽에서 더 많이 주장했다. 이것은 유대교의 관점에서 볼 때 부자연스러운 원칙이며, 불의에 대해 침묵을 강요한다는 점에서 부도덕하기까지 하다. 불의는 누가 어디서 자행하든, 심지어 그 칼끝이 나를 겨누고 있는 상황에서라도 묵인해서는 안 된다.

유대교 전승에 따르면 상대의 침해를 감수해야 하는 상황은 한 가지뿐이다. 나의 맞대응이 무고한 제3자에게 해를 끼치게 되는 상황이 그것이다. 그런 경우에 유대교 법은 살인하기보다 차라리 죽는 편을 택해야 한다고 규정한다.

하지만 나의 윤리적 문제는 대개의 경우 그와 같은 극단적인 선택의 문제가 아니다. 다른 사람들과 협력하여 정당한 행동을 하는 것이 수월한 경우가 훨씬 더 많다.

동료 인간들과의 관계에 대한 유대교의 가르침은 "나는 그들에게 의(right)와 정의와 형평을 베풀 의무가 있다"는 한 문장으로 요약할 수 있다.

"의, 그것을 그대는 추구해야 한다"는 말의 의미가 그것이다.

그러나 그것으로 이웃에 대한 의무가 끝난 것이 아니다. 우리

각 사람이 저마다 신성을 굴절하는 존재라면, 또한 우리 전체가 하나님을 비추는 거울이기도 하다. 우리는 각자의 독특성에 의해 구분되어 있지만, 그럼에도 불구하고 모두가 공동의 숭고한 혈통에 의해 결합되어 있다. 우리의 차이가 아무리 깊을지라도 더 깊은 곳에서는 일치가 흐른다. 우리의 갈등이 아무리 치열할지라도, 한 혈통을 통한 우리의 유대 관계는 훨씬 더 강하다. 우리는 하나님 안에서 형제들이기 때문이다.

그러므로 나는 내 형제에게 사랑을 베풀 의무가 있다. 형제의 고통을 동정하고, 그의 약점을 관용하고, 그의 본의를 헤아리고, 그의 포부를 돕고, 언제나 인내하고 화목해야 한다.

한 마디로, 나는 "너는 네 이웃을 네 몸과 같이 사랑하라"는 계명에 따라 그를 사랑해야 할 의무가 있다.

하지만 사랑이 과연 의무인가? 법률로, 심지어 성경의 율법으로 강요할 수 있는 것인가? 사랑은 자발적이고 조건이 붙지 않는 것이 아니며, 빚과 의무에 대한 고려에서 완전히 떠난 자발적인 선물이 아니던가?

물론 그렇다. 그러나 사랑의 행위는 마음 상태와 상관없이 의지의 결단으로 나타날 수가 있다. 물론 대개는 마음이 행위를 독려하지만, 행위가 행위를 독려하는 경우도 있다.

탈무드가 거듭 지적하듯이, 메마른 의무감에서 시작한 선행이 나중에는 열정으로 타오르는 경우가 적지 않다. 실제로 유대교 도덕 문학에서 자주 반복되는 주제의 하나가 바로 이것이다. 즉, 내면의 덕을 감독하는 가장 좋은 방법은 마음의 상태에 따라 행동하지 않고 도덕 규범에 따라 행동하는 것이다.

이러한 목적으로 16세기 사페드(Safed)의 신비주의자들은 도덕적 교제로 서로 결집하여 유대교 전승의 요구를 넘어선 사랑과 친절의 규범으로 공동체를 유지했는데, 이렇게 한 목적은 자비와 희생을 실천함으로써 자신들 속에 동정심이 더욱 강해지기를 바랐기 때문이다.

18세기 유대교 사제인 아브라함 쉐마리아의 아들 요엘(Joel)이 자기 자녀들에게 남긴 유언에도 그러한 정신이 담겨 있다:

예배 시간에 '거룩함'을 비는 기도를 드릴 때는…… 특히 동료 인간을 너희 자신처럼 사랑해야 할 의무를 실천하는 문제를 생각하라. 이는 우리가 이 '거룩함'을 비는 기도를 드릴 때 "저희는 그들[섬기는 천사들]이 높은 하늘에서 주의 이름을 거룩하게 하듯이, 세상에서 주의 이름을 거룩하게 하겠나이다!" 하고 암송하기 때문이다. 그러므로 우리는 천상의 존재들을 본받아 그들처럼 완전한 사랑과 조화를 힘써 실천해야 한다.

나도 그 목적을 이루기 위해서, 집회가 있을 때마다 참석자들을 한 사람씩 바라보면서, 과연 저 사람들을 내가 정말로 사랑했는지, 이웃을 사랑하라는 계명을 내가 정말로 받아들였는지 확인하고 다짐하는 것을 평생의 습관으로 삼았다. 하나님이 도우셔서 나는 나 자신에게서 그것을 자주 확인했다. 내게 잘못한 사람이 눈

에 띠면 그 자리에서 그를 용서하고, 그의 태도와 상관없이 그를
사랑하는 것을 원칙으로 삼았다. 그러나 만일 그를 도무지 사랑할
수 없을 경우에는 마음에서 원한이 사라질 때까지 억지로라도 그
에 관해 좋은 말을 했다.

그렇게 해서 마음이 끌리지 않은 사람을 만날지라도 마음을 돌
려 그에게 좋은 감정을 품고 그를 사랑하기 위해서 그에게 복이
임하기를 빌곤 했다.

거룩함이 묻어나는 글이다. 그리고 대개 이런 글에 따라오는 단
순함과 숭고함이 배여 있다.

물론 거룩함과 그것에 이르는 장치들은 오직 성인(聖人)들에게
나 가능하다. 그러나 랍비 요엘의 이 겸손한 조언에는 성인의 수
준에 턱없이 모자라는 사람들도 배울 수 있는 소박한 진리가 있다.
그것은 사랑이라는 게 계획하지 않은 상태에서 불쑥 찾아오기도
하지만, 억지로라도 실천하는 단순한 방법에 의해 생기는 경우도
적지 않다는 것이다.

9. 사회를 위한 도덕

유대교 전승은 도덕 원리들이 개인들뿐 아니라 사회에도 적용
된다고 주장한다.

개인과 마찬가지로 사회도 의롭거나 악할 수 있고, 상과 벌을

받을 수 있으며, 속죄를 필요로 할 수 있다.

오래 전에 대제사장이 대속죄일에 먼저 자신의 죄와 제사장 지파의 죄에 대해 하나님께 용서를 구하고, 그런 다음에 이스라엘 온 집을 위해서도 용서를 구했던 관습에는 그런 의미가 담겨 있었다.

따라서 오늘날까지도 유대인들은 대속죄일이 되면 개인의 죄뿐 아니라 공동체의 죄에 대해서도 용서를 구하는 기도를 드린다.

죄가 사회적이라고 말하는 것은 개인 도덕성의 영역이 보통 생각하는 것보다 훨씬 크다는 것을 뜻한다. 그것은 세상이 어떻게 돌아가는지 알만큼 나이를 먹고, 그에 맞게 처신할 능력도 갖춘 사람은 누구나 자신이 속한 국가와 경제와 가문과 계급과 제도가 범하는 불의에 대해서 다소 직접 책임을 지고 있음을 뜻한다.

사람은 잘못된 행위를 두둔하고 거기서 이익을 취하는 대리 행위의 죄를 범할 수가 있다. 이 경우 그는 "저항할 능력이 있었는데도 저항하지 않았다"라는 문구로 랍비들이 규정한 의무 불이행의 죄로 고소당하게 될 것이다.

유대교 전승은 더 나아가, 공동체에 적합한 도덕성이 개인에게 적합한 도덕성과 마찬가지로 필요한 변경을 가할 수 있다고 가르친다.

사회는 개인과 마찬가지로 다음과 같은 의무를 지닌다.

- 사람들을 억압으로부터 보호하고 그들의 몫인 정의와 자유를 그들에게 부여함으로써, 그들 안에 거하는 신성을 인지해야 한다.

　- 사람들이 자신들의 독특한 은사를 발견하고 실현하도록 도움으로써 그들의 독특성을 소중하게 지켜주어야 한다.

　- 사람들을 하나님 앞에서 모두 평등한 존재들로 대한다.

　- 사람들에게 선의를 장려하고, 약자와 불행한 자를 적절히 보살피고, 폭력 대신 평화를 경쟁 대신 협력을 권장하는 방향으로 사회의 질서를 잡아감으로써 그들이 원래 하나이고 형제라는 사실을 구체적인 사회적 현실로 나타나게 한다.

　사회에 적용할 수 있는 또 다른 도덕 원칙이 있는데, 이것은 개인들에게도 적용되기 때문에 독특하지 않고, 다만 다른 원칙에 비해 두드러질 뿐이다.

　유대교 전승에 따르면 자연과 사회의 자원들은 하나님께서 인류 보편의 행복을 증진하시려는 목적으로 인류 전체에게 부여하신 선물이다. 이것은 개인에게 자신이 소유한 것을 간직하고 그 결실을 즐길 수 있는 권리를 부정하는 것이 아니다. 유대교는 사유재산 제도를 인정한다. 그러나 다른 모든 소유권과 마찬가지로, 재산 소유권에는 신탁자의 의무를 성실히 수행해야 할 의무가 따른다.

　재산 소유에 대해서는 국가의 역할이 있다. 도덕성의 문제와 마찬가지로, 개인은 재산을 사용하지 않고 묶어두거나, 낭비와 사치로 탕진하거나, 공동의 유익을 해치는 방식으로 사용할 권한이 없다. 유대교는 그러한 소유권 남용을 방지하고, 재산이 하나님의 뜻대로 인류 보편의 유익을 위해 잘 쓰여지도록 감독해야 할 의무가 사회에 있다고 주장한다.

자선에 관한 유대교의 교리는 재산에 대한 태도에 적지 않게 영향을 받는다.

전통적인 유대교 문학에서 박애만큼 높이 칭송을 받은 사회적 덕목은 별로 없다. 더 나아가 유대교의 정신은 이 분야에서 가장 과감하고 창의적인 개척을 해왔다. 유대교는 일찍부터 자선의 윤리학을 도출해내어 현실에 적용했으며, 수세기 전에, 많게는 수십 세기 전에 현대의 사회사업 이론과 방법론들을 예기했다.

유대교가 이렇게 자선에 크게 힘써온 것은 모든 인간에게 공통된 정서인 동시에 유대교 전승이 가르치고 강조해온 이상인 측은지심을 실천한 것이기도 했다.

하지만 그것이 전부가 아니다. 종교적 관점에서 볼 때, 가난한 사람도 다른 사람과 마찬가지로 하나님의 자녀다. 그렇지만 가난 때문에 자신의 유산인 세상의 재물을 박탈당했다. 그렇다면 가난한 사람은 단지 동정과 연민의 대상이 아니다. 그는 자신의 권리, 그 중에서도 적절한 수준의 삶을 누릴 수 있는 권리를 부정당한 사람이다.

사회가 무언가 잘못되었음에 틀림없다. 그렇지 않다면 그러한 불평등이 존재할 수 없다. 그러므로 자선은 동정을 넘어서 공동체의 실패를 바로잡는 행위이다.

그러므로 '자선'에 해당하는 히브리 단어들 가운데 가장 공통적인 것은 가난한 사람에 대한 지원이라는 뜻뿐 아니라 '의'(義)라는 뜻도 지닌 체다카이다. 이는 공동체가 가난한 자들을 도움으로써 잃었던 권위를 되찾게 되기 때문이다.

10. 시민으로서의 인간

힐렐은 "그대 자신을 공동체로부터 분리시키지 말라"고 가르침으로써 어떤 중요한 부정과 어떤 중요한 긍정 - 둘 다 유대교 전승의 뿌리깊은 특징임 - 에 고전적인 표현을 입혔다.

부정은 인간이 인류 보편으로부터 자신을 고립시키려는 시도에 대한 유대교의 반대이다.

긍정은 인간 정신의 실현에 필수불가결한 사회 활동에 적극 참여하라는 유대교의 주장이다.

물론 유대교 역사에는 유대인들이 견디기 힘든 상황에서 개인으로든 집단으로든 세상을 포기한 시기들이 있었다. 그중 한 시기는 서기(西紀, the Common Era)가 시작되기 약 한 세기 전이었다. 그 뒤에 필로(Philo)가 말한 팔레스타인의 에세네파(the Essene)와 이집트 유대인들의 테라퓨테파(the Therapeutae) 안에서 유대교가 수도원주의를 발전시켰는데, 이것은 훗날 초기 기독교 은수자(隱修者)들과 수도회들과 같은 형태를 띠게 되었다. 비록 열정과 효과는 덜했으나 그와 유사한 경향이 16세기 신비주의 집단인 카발라파와 거의 오늘날까지 살아남은 파루쉬, 즉 '구별된' 자라는 현상 안에서 나타났다. ('파루쉬'는 최소한의 가족 단위와 사회적 의무를 유지하면서도, 신앙 연구와 예배와 명상에 일생을 바치는 사람을 가리킨다.)

달리 말해서, 유대인들은 가끔 은둔 생활의 이상에 이끌렸다. 그리고 자주 그런 건 아니지만 은둔 생활의 유혹에 굴복 당한 때도 있었다. 그러나 유대교의 주류는 은둔주의에 굴복한 적이 없을 뿐 아니라 그것을 단죄했다. 그 단죄는 사회를 등지는 두 가지 형태 - 몸과 마음 모두 사회를 떠나는 것과 몸은 사회에 남아 있는데 마음은 떠나는 것 - 모두에 적용되었다.

유대교 전승의 눈에는 두 가지 다 부도덕하고 어리석은 행위로 비쳤다.

유대교 전승은 사회를 등지는 행위를 배은망덕으로 간주했다. 사람은 존재와 생명과 언어와 도구와 이상 등 모든 것을 사회로부터 받는다. 이런 유익을 받고서 아무것도 사회에 돌려주지 않는 것은 옳지 않은 행위이다.

더 나아가, 사회를 등지는 사람은 아무리 근사한 명분을 내세운다 하더라도 이기주의자임에 분명하다. 자신의 영적 결핍을 채우는 데 치중한 나머지 다른 사람들의 결핍을 채워주어야 할 의무를 저버리는 것이다.

또한 은둔주의가 가장 설득력을 지니는 때는 세상이 싸움과 불화로 찢길 때이다. 그러나 그런 때일수록 '전쟁을 그치게 하는' 대담한 마음과 유능한 손이 필요한 때이다.

사회를 등지는 사람은 생각이 깊지 못하다. 개인과 공동체가 공동의 운명으로 결합되어 있다는 분명한 진리를 간과하기 때문이다.

이 점에 대해 랍비들은 매우 통렬한 비유들을 내놓았다:

어느 날 사람들이 함께 배를 타고 바다로 나갔다. 그런데 갑자기 한 사람이 송곳으로 배 밑창을 뚫기 시작했다.

"여보시오, 지금 뭐 하는 거요? 당신, 정신 나갔소?" 하고 나머지 사람들이 소리를 질렀다.

그러자 그 사람은 이렇게 대답했다. "내가 무슨 일을 하든 당신들이 무슨 상관이오? 내가 내 자리 밑에 구멍을 내는데 당신들이 왜 나서는 거요?"

마지막으로, 사회를 등지는 방법은 기대한 것만큼 큰 위안을 가져다 주지 못한다. 인류가 도덕적으로 병들었다고 해서 멀리 광야로 도피하더라도 거기서 자신도 그 병에 걸릴 가능성이 얼마든지 있기 때문이다. 자기 영혼의 건강을 걱정하는 사람은 자기가 속한 공동체가 건강하기를 바라는 것 외에 다른 방법이 없다.

이것이 고대의 랍비들이 모세가 – 이스라엘 자손들이 산 아래에서 금송아지를 숭배하고 있는 동안 – 시내 산의 영광 속에서 받은 하나님의 계명("너는 내려가라. 네가 애굽 땅에서 인도하여 낸 네 백성이 부패하였도다")에 대해서 남긴 교훈이다.

그러나 이 모든 것은 방패의 어두운 면일 뿐이다. 인간이 사회를 떠나서는 살 수 없고, 또한 사회를 등지는 행위가 잘못일 뿐 아니라 어리석은 짓이기 때문에, 공동체와 운명을 같이 해야 한다는 당위를 어두운 어조로 강조한 것일 뿐이다.

하지만 유대교 전승의 관점에서, 사회 생활은 앞서 말한 두 가지 악보다 못하지 않다. 사회 생활은 그 자체가 선하며, 본질상 바람직하고 건설적이다.

이웃과 함께 살 때만 내놓을 수 있는 기쁨이 있고, 경험을 나눌 때만 꽃피우는 덕성이 있으며, 집단적으로만 실현할 수 있는 이상들이 있다.

우리에게 정의와 자비와 겸손을 요구하는 하나님의 뜻을 행하려면 다른 사람들과 함께 그들 속에서 그들을 위해서 살아야 한다.

하나님의 영광을 나타내고 그분의 이름을 거룩하게 하려면 반드시 이웃들과 함께 있어야 한다. 그렇지 않으면 관객도 청중도 갖지 못할 것이다.

확실히 지상에 세워지는 하나님 나라의 집은 사회 참여를 전제한다. 뒤에서 살펴보겠지만, 하나님 나라는 주로 우리 사회가 완전하게 재건되는 것이기 때문이다.

이처럼 유대교는 공동체의 삶에 온전히 참여하는 것을 강조한다. 그것이 없다면 사람은 행복을 차단 당하고, 인격에 장애가 생기고, 인간으로서의 구실을 할 수 없다. 이것을 긍정적인 표현으로 바꿔 말하자면, 만일 삶의 가치를 발견하고, 자신의 본성에 충실하고, 하나님의 뜻을 구현하고 살려면 자기 자신을 가족과 교인과 시민으로 따뜻하게 받아들일 줄 알아야 한다.

11. 죄의 그늘

유대교는 인간을 귀하게 여기지만, 인간에 대해 망상을 품지는 않는다. 인간의 인격에 타락하기에 충분한 능력이 있음을 충분히 인식한다. "사람의 죄악이 세상에 관영함과 그 마음의 생각의 모든 계획이 항상 악할 뿐임"과, "만물보다 거짓되고 심히 부패한 것은 마음"인 것을 잘 안다. 달리 말해서, 유대교는 인간의 도덕적 취약함을 잘 알며, 하나님께서 가인에게 하신 말씀을 의역해서 말하자면, 죄가 항상 그의 문에 엎드려 있고, 그에게 죄의 소욕이 있음을 잘 안다.

죄가 무엇인가에 대해서, 유대교 전승은 분명하게 말한다.

앞에서 살펴본 대로, 유대교는 선의 본질에 대해서 일반적 개념과 구체적인 적용들에 이르는 명확한 개념 체계를 가지고 있다.

죄는 한 마디로 선과 반대되는 것이거나 그것을 행하는 것이다. 좀더 구체적으로 말하자면, 죄는 부작위(不作爲)나 작위(作爲)의 행위를 통해서 하나님의 뜻을 물거품으로 만들고, 하나님의 영광을 가리고, 하나님의 이름을 욕되게 하고, 하나님 나라를 반대하고, 토라의 미츠보스를 범하는 것이다. 그 외에도 죄에 관한 훨씬 더 구체적인 정의들을 얼마든지 제시할 수 있다. 이 장('선한 생활')의 앞 항목들을 다시 읽으면서 거기에 언급된 원리들에 마이너스 표시를 붙여 보라. 그러면 유대교가 죄로 간주하는 행동과 정서와 생각의 목록을 갖게 될 것이다.

그러나 죄를 왜 짓게 되는 것인가? 인간들이 왜 그렇게 자주 선을 버리고 악을 택하는 일이 생기는 것인가?

이 난해한 문제에 대해서, 유대교 전승은 한 마디로 간추린 대답을 갖고 있지 않으며 가질 수도 없다.

그 이유는 죄란 인간의 본성과 행동에 잠복해 있는 악이 구체적인 모습을 띠고 나타난 하나의 사례이기 때문이다. 만일 그런 이유에서 유대교가 악 전체에 관한 다양한 설명을 갖고 있다면, 인간이 구현해 내는 구체적인 악에 대한 다양한 이론들도 포괄해야 한다. 그 논리적 차서는 분명하다. 먼저, 유대교는 하나님에 대해서 어느 한 면만 강조하지 않는다. 그러므로 하나님과 하나님의 방식에 관해 공식적인 정의를 내놓을 수 없다. 따라서 죄에 관해서도 단순 명쾌한 교리를 제시하지 못한다. 물론 모든 신학이 나름대로의 신정론(theodicy)를 투사하듯이, 모든 신정론은 나름대로의 죄에 대한 규명을 제시하되 분명하게 제시하는 까닭에 그것을 파악하기 위해 지체할 필요가 없다. 만일 독자 여러분이 "거대한 그늘"이란 제목이 붙은 장에 나열된 여러 신정론들을 다시 한번 조사해 보면 어렵지 않게 유대교의 다양한 죄 해석들의 얼개를 만들 수 있을 것이다.

유대교 전승은 악에 대해서도 그렇듯이 죄에 대해서도, 인간들이 어떤 공인된 형태로 생각하는 것보다 의롭게 행동하는 것에 더 큰 관심을 갖는다.

그러므로 전승이 죄에 관해 맨 처음 가르치는 것은, 죄의 충동과 죄의 습관을 노력에 의해 배척할 수 있다는 것이다. 인간은 본래 자신의 판단에 대해 책임을 지는 자유로운 존재이다. 성경은 죄가 문에 엎드려 있다고 말한 다음, 바로 이어서 "〔그러나〕 너는 죄를 다스릴지니라" 하고 확신 있게 결론짓는다.

그러나 죄가 배척할 수 있는 것이기에, 유대교는 다음 번 주장으로 나간다. 인간이 스스로의 결단과 노력으로 죄를 배척해야 하는 것이다. 만일 유혹이 히드라처럼 머리를 잘라도 다른 머리들이 남아 있다면, 죄에 대한 싸움도 그러해야 한다. 세월을 통해 검증된 전략, 특히 유대교 전승이 권장하는 전략은 명상과 기도, 토라와 신앙 도덕 서적 공부, 선행, 지혜롭고 정직한 사람들과의 교제 등인데, 처음부터 끝까지 의지력을 요구하는 것들이다.

게다가 죄는 한번 범한 뒤라도 반드시 돌이킬 수 없는 것만은 아니다. 다른 사람에게 가한 상해는 치료해 주거나 배상하면 된다. 죄인 자신이 입은 상처도 반성과 자기 교정을 통해 적어도 부분적으로 회복할 수 있다.

과거의 실수들 가운데 만회할 수 있는 것들도 많이 있다. 그러나 반드시 그런 것만은 아니고, 때로는 조금도 만회할 수 없는 경우도 있다. 유대교 전승의 지적대로, 가인이 동생을 죽였을 때 그가 죽인 것은 아벨 한 사람만이 아니라 아벨에게서 아직 태어나지 않은 자손들도 죽인 것이다. 가인은 어떠한 노력으로도 죽는 날까지 그 죄를 만회할 수 없었다. 인간은 지난날의 과오에서 평생 벗어나지 못한 채 날마다 그 대가를 지불하고 산다는 말에는 일리가 있다.

그럼에도 불구하고 세계도 인간도 과거의 죄수가 아니다. 회개나 속죄 같은 영적인 방법을 통해서 형벌의 집행 유예를 받을 수 있다. 회개는 두 가지 동시적인 노력으로 이루어진다. 하나는 외적인 노력이고, 다른 하나는 내적인 노력이다.

참회자는 무엇보다도 자신의 과오로 끼친 객관적인 결과들을 완화하기 위해 노력해야 한다. 그러기 위해 할 수 있는 일이 거의 없더라도 할 수 있는 데까지 최선을 다해야 한다.

동시에 참회자는 두 가지 대립적인, 거의 모순되는 효과를 일으키는 방식으로 자기 영혼을 다루어야 한다.

먼저 자신이 과오에 대해 원인과 성격과 결과를 넓게 바라봄으로써 회개가 깊고 확고한 차원에서 이루어지도록 해야 한다.

그렇게 한 다음에는 - 혹은 그렇게 하는 과정에서 - 양심의 가책에 눌려 주저앉지 말고 기쁨과 확신을 가지고 나아가야 한다.

지난날의 잘못에 관한 기억은 항상 그를 따라다닐 것이다. 죄책감이 집요하게 남을 것이다. 그러나 회개를 포기하지 않으면 세월이 흐르는 동안 다른 어떤 정서가 떠오를 것이다. 그것은 새 사람이 되어 도덕적 가치관과 그 배후에 계신 하나님과의 일체감을 되찾았다는 확신이다. 고대의 랍비들이 하나님께서 참회자들에게 "너희가 내게 와서 재판을 받고 내 앞에서 평안을 얻어 떠났던 것처럼, 나는 너희를 새로 창조된 존재들로 여긴다"고 하셨다고 묘사할 때 깨닫고 가르친 것이 바로 그러한 경험이다. 이것이 '회개'를 뜻하는 고전적 히브리어 테슈바가 암시하는 '돌아옴'이다.

인간이 누구나 죄를 범할 수 있다는 통념에 대해서, 유대교 전승은 예외를 인정하지 않는다.

완전은 애당초 인간의 특징이 아니다.

오류와 악에서 완전히 벗어나는 것은 인간에게 불가능하다. 인간이 추구하는 선은 무한하며, 그에게서 무한한 거리를 두고 떨어져 있다. 인간의 시력은 침침하고, 팔 힘은 약하며, 걸음은 비틀거린다. 대단히 강하고 열정적인 사람들 가운데서라도 부분적으로 넘어지고 실패하지 않는 사람을 어찌 찾을 수 있겠는가?

유대교 전승에 따르면 어느 인간도 완전을 얻은 적이 없으며, 심지어 성인이나 선지자라 할지라도 완전을 얻지 못했다. 모두가 도덕적 실패의 쓴맛을 보았다. 성인은 조금 맛보았고 죄인은 많이 맛보았지만, 정도의 차이일 뿐 모두가 다 넘어졌다. 그리고 하나님의 온 집에서 충성스럽게 봉사한 하나님의 종 모세 같은 사람은 인간 보편의 죄를 피했을 것이라는 상상을 방지하기 위해서, 토라는 그가 죄를 범하여 징계를 받았다고 분명히 말한다.

더 나아가 유대교는 인간에게 완전을 기대하지 않는다. 세상에는 완전을 얻지 못하면 멸망할 것이라고 가르치는 종교들이 있다.

그들은 아무도 도달할 수 없는 표준을 세워놓고 멸망을 미리 정해 놓은 다음, 오직 하나님의 은혜가 그를 멸망에서 구원할 수 있다고 주장한다. 그러나 은혜란 말 그대로 성취하는 것이 아니라 위에서 내리는 것이고 하나님이 개입하시는 것인데, 하나님이 과연 인간 개인을 위해 개입하실지의 여부는 결국 예측할 수 없는 문제가 되고, 심지어 가변적인 것이 된다. 이 점에서 유대교는 좀더 원숙하며 실제적이다. 유대교는 하나님에 관해서 깊이 생각하기에, 인간을 취약하게 만들어 놓으시고서 그에게 완전무결을 요구하시는 그런 하나님을 상정하지 않는다. 유대교는 매우 섬세한 까닭에, 인간에게 걸으라고 명령한 다음 넘어지는 것을 절대로 허용하지 않는 일이 없다. 유대교는 인간이 걷다가 넘어지되 되도록 적게 넘어지도록 안내하며, 넘어지면 그를 부축하여 일으켜 먼지를 털어 주고 좀더 큰 지혜와 자신감을 가지고 길어나가도록 독려한다.

그렇다면 이 시점에서 창세기에 기록된 신비스러운 사건을 떠올리는 것이 적절하지 않겠는가? 야곱은 밤새도록 천사와 씨름을 하다가 마침내 이겼으나 부상을 당했다. 따라서 해가 떠올랐을 때 그는 다리를 절며 걸었으나, 그럴지라도 승리의 증표로 새로운 이름과 새로운 복을 자랑스럽게 안고 갔던 것이다.

우리도 인생과 더불어 싸우다가 부상을 입어 고통스럽게 절며 걸어가지만, 그럴지라도 싸움에서 이겼기에 더 큰 명예와 복을 상징하는 이름들을 안고 걸어가지 않는가?

VI. 이스라엘과 민족들

1. 이스라엘 – 전통주의의 개념

이스라엘의 신앙인 유대교는 유대 민족이 역사에서 수행해온 역할을 중시하여 '이스라엘에 대한 믿음'도 내포한다.

전통주의자의 입장에서, 유대교는 네 가지 신앙 조항을 포함한다: 선택, 언약, 선교, 미래의 복.

선택은 하나님께서 세계의 모든 민족들 가운데 이스라엘을 택하여 하나님의 계시를 받는 민족이자 인간 구원 드라마의 주인공으로 삼으셨다는 교리이다.

하나님은 왜 유독 이 민족을 선택하셨는가?

한 가지 이유는 그 민족의 조상들이 남긴 공로 때문이다. 그들의 의가 심히 커서 후손들이 이런 숭고한 부름을 받게 된 것이다.

또 다른 이유는 – 어느 랍비의 이론에 따르면 – 오직 유대 민족만 선택에 따르는 훈육과 시련을 기꺼이 받았기 때문이다. 이 점에서 고대의 전설은 하나님께서 토라를 계시하려고 하실 때 지상의 모든 민족에게 차례로 그것을 제시하셨으나, 다른 민족들은 그 안에 담긴 도덕적 요구 때문에 모두 배척했다고 전한다. 이스라엘만 그것을 받았는데, 전설에 따르면 깨달음과 각오가 그만큼 컸기 때문이 아니라 경솔했기 때문이라고 한다.

언약(Covenant)은 하나님과 이스라엘 사이의 계약이다. 단어가 암시하듯이, 그 계약은 쌍무적이다. 하나님께서 이스라엘을 선택하셨다면 이스라엘은 선택에 동의했으며, 따라서 이스라엘이 하나님께 선택을 받았을 뿐 아니라 그 뒤에는 하나님을 선택했다고 말할 수도 있다.

이러한 언약 안에서, 이스라엘은 하나로 모아진 집단으로서 대가나 결과를 고려하지 않고 하나님의 뜻을 준행한다. 이에 대해 하나님께서는 이스라엘을 자신의 특별한 보물, 자기에게 가까운 민족으로 삼으신다.

선택만큼 더 큰 명예는 생각할 수 없다. 그러나 선택은 아무런 특권도 부여하지 않는다. 오히려 정 반대이다. 선택에는 의무와 시련이 따를 뿐이다.

이스라엘은 선택을 받았다는 독특한 지위에 있음으로 해서 많은 것을 요구받는다. 하나님과 하나님의 뜻에 무지하거나 그 뜻에 복종하지 않는 민족들은 그들의 불경건과 죄가 용서받을 수 있다. 그러나 "당신이 우리에게 말씀하소서. 우리가 들으리이다" 하고 엄숙히 맹세한 제사장 나라요 거룩한 민족은 그렇지 못하다. 그러므로 선지자는 유대 민족에게 하나님의 이름으로 이렇게 경고한

다:

> 내가 땅의 모든 족속 중에 너희만 알았나니 그러므로 내가 너희
> 모든 죄악을 너희에게 보응하리라.

게다가 선택에는 안전이 아닌 위험이 따른다. 공의와 자비를 주장하는 사람은 악인들의 공격과 악한 제도들의 따돌림을 감수해야 한다. 어둠의 세력들이 그를 말살하고 그의 입을 막으려고 공모한다.

이것이 언약의 조건이다. 조건이 매우 색박하여서, 이스라엘 민족은 이사야서 후반에 묘사된 역할 곧 자원하여 고난을 당하는 하나님의 종의 역할을 시종일관 수행해야 한다.

그러나 그 목표가 무엇인가?

이 질문이 선교에 관한 교리로 논의가 옮겨가게 한다. 이스라엘이 생존하는 목적은 단지 하나님을 알고 하나님의 뜻을 수행하는 데 있는 게 아니라, 전도와 본으로써 하나님의 진리와 길을 민족들에게 알리고, 그로써 소경이 보고, 포로된 자가 지하감옥에서 풀려나고, 마침내 모든 인간이 하나가 되어 완전하게 된 마음으로 의를 행할 수 있게 하도록 하려는 데 있다.

그렇다면 선교의 목표와 최종 목적은 인류의 구원에 있는 셈이다. 그러나 그 행복한 사건이 도래할 때 종에게 무슨 몫이 돌아가겠는가?

이스라엘은 마침내 대단원의 무대에서 자신의 정당성을 경험하게 될 것이다. 종으로 섬기는 기간이 끝나고 임무를 마치면, 그렇게 힘써 이루려고 노력해온 우주적 구속에 당당히 참여할 것이다.

오랫동안 세계 각처에 흩어져 박해를 받아온 그의 자손들은 고토(故土)에 다시 모여 길고 모질었던 유배 생활에 상응하는 평안과 안전을 누리게 될 것이다.

유대교는 오랫동안 조롱과 멸시를 받아왔으나, 장차 참된 신앙으로 보편적인 인정을 받을 것이다.

파괴된 예루살렘 서전이 재건되어 만민의 기도하는 집으로 설 것이다.

이것이 전통주의자들이 이스라엘에 대해서 예언하는 밝은 미래이다. 그러나 여기서도 - 그리고 이것이야말로 유대교 정신의 대표적인 특징이다 - 유대 민족만 주인공이 되지 않고 모든 사람이 그들과 함께 주인공이 된다. 따라서 이스라엘 민족이 구원을 얻는 것이 인류라는 전체 가족의 구속에 한 부분을 차지한다 - 그것은 중요하지만 그럴지라도 여전히 한 부분일 뿐이다.

2. 이스라엘 - 현대주의의 재해석

현대주의자들은 전통주의자들의 유대 민족 개념 가운데 일부를 배격하고 나머지도 철저히 개정하여 다시 수립해 놓았다.

그들의 눈에는 선택과 언약과 선교와 미래의 복이 역사 사실들을 투영하여 사실적으로 설명해야 할 명제들이다. 그렇게 해석한다고 해서 반드시 그 명제들을 공격해야 한다는 것은 아니다. 하지만 전통주의와는 전혀 다른 각도에서 그 명제들을 조명한다.

현대주의자들은, 모든 고대인들이 자신들의 신들에게 선택을 받았다고 생각했으며, 유대인들이 지녔던 신념도 보편적 개념의 한 가지 사례일 뿐이라고 주장한다. 하지만 다른 민족들과 달리 유대 민족의 개념은 신혹하게 독특한 성격을 띠게 되었다고 말한다. 고대 민족 가운데 자신들이 스스로의 유익을 위해서가 아닌 남을 섬기기 위해 선택받았다고 생각하는 경지에 도달한 민족은 없었다고 한다.

그러나 왜 하필 유대인들만 이 경지에 올랐는가? 현대주의자들은 그 원인을 두 가지로 지적한다. 첫째는 선지자들의 역량 때문이었다는 것이고(이것의 개연성을 더 크게 생각한다), 둘째는 팔레스타인의 유대인 사회에 닥친 불행 때문이었다는 것이다. 어떻게 해서든 하나님의 뜻을 이루는 데 열정적이었던 선지자들은 당연히 자기 민족이 그 목적을 위해 구별되었다고 바라보게 되었다. 동시에 유대 민족은 전쟁의 패배와 가난과 정치 불안을 겪는 과정에서 민족의 존재 이유를 다름 아닌 정복과 번영에서 찾게 되었다.

이스라엘이 선택된 민족이라는 개념은 처음 대두한 이래 오랜 세월이 지나면서 실제적으로 뒷받침할 만한 사실들을 갖게 되었다. 고대 세계를 통틀어 오직 유대인들만 하나님에 대한 항구적인 신앙과 인도적인 도덕률, 그리고 미래에 대한 소망을 소유했다.

기독교와 이슬람교의 등장은 유대교의 선택 개념에 한층 더 무게를 실어주었다. 두 종교 모두 이스라엘을 하나님께 선택을 받았다가 후에 신분을 상실한 민족으로 보았기 때문이다. 유대인들이 이방인들로부터 자연스럽게 자신들에게 우호적이고 나머지 민족들에게 불리한 증언을 받게 된 것이다.

그 뒤 중세에 들어서 선택 교리를 유대인들에게 대단히 중요한 의미를 띠게 되었다. 온 세상이 공조하여 유대인들의 정신을 말살하고 그들의 세력을 꺾으려고 하던 그 시기에, 선택 교리는 그들에게 자부심과 존재 목적과 확신을 불어넣었다.

이것이 현대주의자들이 재수립한 바, 선택과 언약, 선교, 미래의 복이 진화해간 역사의 개략이다.

그렇다면 이 교리들은 오늘날 어떤 의미를 갖는가?

어떤 이들은 그런 사상들이 과기의 한때는 존재 이유가 있었고 어떤 의미에서는 사실일 수도 있었지만, 오늘날에는 더 이상 성립될 수 없다고 주장한다. 그 이유는 첫째는 그 사상들이 이스라엘과 민족들을 구분하여 반감을 조성하기 때문이요, 둘째는 이 구분을 사실에 입각하여 뒷받침할 길이 없으므로, 오늘날 유대인들은 다른 집단들보다 하나님의 뜻을 이루는 데 더 힘을 기울이기 때문이라고 한다.

전형적인 현대주의자는 이 점에 대해 덜 급진적이다. 그는 유대 민족과 다른 민족들을 구분하는 것이 아무런 유익도 주지 못하고 반감만 일으킨다고 주장한다. 그러나 그는 선택 사상의 역사를 망각하거나 미래의 잠재적 용도에 무관심한 태도와는 거리를 둔다.

전형적인 현대주의자는 유대인들이 하나님께 스스로 구별하여 드렸다는 의미에서 먼저 하나님을 선택했음을 지적한다. 그러므로 유대인들은 최초로 선택된 민족이다. 그 뒤에도 그들은 일관되게 하나님의 뜻을 민족의 목적으로 삼아 행했다. 그러므로 그들은 끊임없이 선택된 백성이었다고 말할 수 있다. 그리고 현재도 만일 의지만 있다면 자신들이 역사에서 수행해온 역할을 계속해서 수행할 수 있다. 그러기 위해 그들에게 필요한 것은 조상들이 그랬듯이 하나님의 율법과 뜻에 자신들을 바치는 것이다. 그들이 다시 한번 하나님을 선택하면 하나님께서 그들을 다시 선택하실 것이다. 선택이 살아 있고, 언약도 효력을 발휘하고 있고, 선교도 진행되고 있고, 미래의 복도 예정된 때를 기다리고 있다. 이스라엘은 항상 그랬듯이 하나님의 종이다.

이것이 우파 현대주의자의 주장이다.

그러나 질문이 제기된다. 세계의 나머지 민족들은 어떻게 되는가?

우파 현대주의자는 나머지 민족들도 하나님을 선택하면 그들도 하나님께 선택을 받게 될 것이라고 대답한다.

3. 영토와 언어

유대교는 팔레스타인과 히브리어를 거룩하게 여긴다.

그 두 가지가 거룩한 이유는 서로 연관된 의미를 지니기 때문이다. 하나님의 계시가 성지(聖地)에서 선지자들에게 임했고, 선지자들이 그것을 받아 이스라엘 민족과 인류에게 전했다. 팔레스타인은 유대 민족의 역사에서 기념비적인 사건들이 무수히 일어난 땅이었고, 히브리어는 유대인들의 소중한 발언 대부분을 전달한 언어였다. 유대교 전승은 그것을 구체화하여 전달한 언어를 존중하지 않고는 존경할 길이 없다.

이처럼 땅과 언어가 모두 거룩한 용도를 지니고 있다. 유대인들이 기도하고 예배를 드리고 영적 생활을 수행할 때 사용하는 언어가 히브리어인데, 만일 그가 엄격한 전통주의자라면 히브리어만 사용하고, 현대주의자라면 부분적으로 혹은 약간만 사용한다. 어느 경우든 신앙이 높은 경지에 오르면 그 입에서 히브리어가 울려 퍼질 가능성이 크다.

마찬가지로 팔레스타인에 대한 자각도 유대인의 종교 생활의 모든 양상에 고루 스며 있다. 그가 읽는 성경, 그가 암송하는 기도, 그가 공부하는 랍비 문학이 팔레스타인에 관한 언급으로 가득 차 있다. 그리고 유대교의 의식과 관습들은 성지에서 조성된 것들이기 때문에 원래의 배경을 많이 반영한다. 다른 종교들과 마찬가지로 유대교도 계절들의 순환을 인지한다. 그러나 유대교가 사용하는 달력은 형식과 정신이 팔레스타인적이다. 유월절은 햇곡식이 무르익은 것을 나타내고, 오순절은 첫 결실을 거두는 것을, 수장절은 마지막 추수를 나타내는데, 모두 성지에서 이루어지는 관행대로이다. 팔레스타인은 유대 민족의 생업이 농업과 목축이었던 사실을 항상 기억하게 하는 표지로 남아 있다.

땅과 언어가 거룩한 이유는 미래에 대한 전망에서 그 둘이 차지하는 위치 때문이다. 극단적 현대주의자들을 제외하면, 모든 종교적인 유대인들은 팔레스타인과 히브리어가 어떤 형태로든 이스라엘과 인류의 운명과 연관되어 있다고 간주한다.

많은 전통주의자들은 이스라엘을 조상의 땅에 다시 수립해야만 비로소 메시야 시대가 올 것이라고 믿는다. 그 시대가 도래하면 메시야가 세계 도처에 흩어져 있는 유대인들을 불러모을 것이고, 시온에서 토라가 울려 퍼지게 할 것이고, 주의 말씀을 예루살렘에서 전파되게 할 것이고, 칼을 녹여 보습을, 창을 녹여 농기구를 만들 것이다.

덜 엄격한 전통주의자들과 대다수 현대주의자들은 미래를 덜 신비스러운 관점에서 내다본다. 그들은 팔레스타인과 히브리어는 자연스러운 과정을 거쳐 인간 모험의 고귀한 결과를 이룩하는 데 기여할 것이라고 본다.

유대교는 오랜 세월을 지내오는 동안 흩어짐과 박해로 인해 발전에 숱한 장애를 겪었다. 그러나 유대인 연방(a Jewish Commonwealth)이 등장하게 되면, 그리하여 쫓겨났던 유대인들이 안정을 되찾고, 히브리어와 그 문학이 고토(故土)에 뿌리를 내리게 되면, 유대교 전승은 자유롭고 자발적으로 펼쳐져 나가는 새로운 기회를 맞이하게 될 것이다. 일찍이 2천년 동안 누려본 적이 없는 유리한 환경이 조성될 것이다. 그리고 그 일은 팔레스타 인뿐 아니라 온 세계에 걸쳐 전개될 것이다. 그 날이 오면 팔레스 타인은 건강하고 왕성한 혈액을 세계 전역에 흩어져 있는 유대인 들에게 공급하는 튼튼한 심장이 될 것이다.

그 날에 계시를 받아온 유대 민족에게서 무슨 말이 나올지 누 가 아는가? 이것만큼은 분명하다. 세계 도처의 유대 민족이 더욱 강하게 되어 고토에 히브리 문화를 다시 수립하고, 그토록 오랫동 안 이룩하기 위해 투쟁해온 이상적인 사회가 도래하게 할 것이다.

4. 비 유대인들

유대교 전승에 따르면 모든 사람은 인종과 종교와 민족과 상관 없이 모두가 하나님의 자녀들이요, 하나님 앞에서 똑같이 귀한 사 람들이요, 동료 인간들에게 공의와 자비를 받을 동등한 자격을 갖 고 있다고 한다. 인격과 성품을 제외하고 평가할 때, 어떤 사람도 다른 사람보다 우월하지 않다.

그러므로 유대교는 유대인이라고 해서 우월성을 내세우지 않으 며, 자신들이 물려받은 것을 내세워 다른 민족을 낮춰 보지도 않 는다. 다만 유대인들이 신앙의 유산으로 물려받은 몇 가지 혜택, 이를테면 고대의 랍비들이 '조상들의 공덕'이라 부르던 혜택 – 오 랜 세월을 두고 축적된, 그리고 새로운 세대를 위해 사용할 수 있 는 신앙과 도덕의 유산 – 을 누린다고 유대교는 주장한다. 그러나 이것은 개인 차원에서 받아 사용해야 할 사회적, 문화적 유익들이며, 개인을 넘어서면 의미가 없어진다. 그러한 유익들이나 유대교의 다른 분야에 인종적 우월과 열등 이론을 인정하는 암시는 조금도 없다.

유대교는 실제로 인종을 전혀 의식하지 않는다. 비록 유대교 전승이 이스라엘 집의 근원을 족장들에게로 거슬러 올라가 찾기를 즐겨하는 것이 사실이지만, 유대교의 사고에서는 혈통이 아무런 요인도 되지 못한다. 누구든 유대교 신앙을 받아들이면 다른 유대인들과 동등한 자격을 지닌 '우리 조상 아브라함의 자녀'와 '이스라엘의 아들'이 된다. 또한 민족이나 인종 때문에 회심을 거부당하는 경우란 없다. 유대교는 다른 종교에서 개종하는 사람들에 대해서는 엄격한 표준을 제시하지만, 그 표준은 철저히 신학적, 윤리적, 의식적, 교육적인 것이다.

누구나 유대인이 될 수 있다. 그러나 이 세상에서든 다른 세상에서든 구원을 받기 위해서라면 굳이 유대인이 될 필요가 없다.

유대교 전승의 규정은 분명하다. "어느 민족에서든 의로운 사람들은 장차 올 세상에서 차지할 몫이 있다."

이 중요한 점에서 유대교는 역사적 기독교와 첨예한 대조를 보인다.

기독교의 일각에서도 바울의 다음과 같은 교훈을 근거하여 보편 구원론을 주장해 왔다.

"너희는 유대인이나 헬라인이나 종이나 자주자나 남자나 여자

없이 다 그리스도 예수 안에서 하나이니라. 너희가 그리스도께 속한 자면 곧 아브라함의 자손이요 약속대로 유업을 이을 자니라."

그러나 바울의 설교에서 자주 간과되는 것은 그가 제시하는 구원의 조건이 분명히 있다는 점이다. "너희가 그리스도께 속한 자면." 바울의 보편 구원론은 기독교 신앙을 고백하는 사람들에게만 해당되며, 그들 중에서도 바른 신앙, 즉 바울의 사상과 일치하는 신앙을 고백하는 사람들에게만 해당된다. 그 외의 다른 사람들은 아무리 진리를 사랑하고 독실하고 선량할지라도 돌이킬 수 없는 멸망을 당한다. 혹은 바울 자신의 오류 있는 표현을 써서 주장한다면, "믿지 않는 사람은 정죄를 받으리라."

더 나아가 특정한 신앙 조항들을 받아들이는 그리스도인들에게로 구원을 한정하는 것은 바울만이 아니다.

로마 카톨릭 교회의 입장이 바로 그것이다. "교회 밖에는 구원이 없다"(extra ecclesiam nulla salus).

개신교도 급진적 분파들을 제외하면 대동소이하다.

이러한 배타주의를 배격하는 유대교는 의로운 사람은 누구나 이 세상에서와 다음 세상에서 의에 해당하는 상을 기대할 수 있다고 주장한다.

실제로 엄격한 전통주의의 관점에서 보자면, 어떤 의미에서는 이방인들이 유대인들보다 더 쉽게 구원을 받는다고 할 수 있다(비록 유대인만큼 확실하게 받지는 못하지만). 그 이유는 비유대인에게는 "노아의 아들들에게 부과되었던 일곱 가지 계명"만 지키도록 요구하기 때문이다. 고대의 랍비들이 모든 인류에게 구속력을 갖는 경건과 도덕의 원리들로 간주한 이 일곱 가지 계명은 다음과 같은 것들을 삼가는 것이다. (1) 우상숭배, (2) 근친상간과 간음, (3) 살인, (4) 하나님의 이름을 모독하는 행위, (5) 불의와 불법, (6) 도둑질, (7) 인류를 거스르는 행위 – 살아 있는 동물의 사지를 절단하는 등의 행위.

게다가 탈무드 문학은 한 번의 큰 친절과 정직으로 "장차 올 세상을 얻었다"고 전해지는 이교도들의 사례를 많이 언급한다. 이와 대조적으로 유대인들이 구원을 얻으려면 613개나 되는 토라의 조항을 실천해야만 한다.

이렇게 비 유대인들도 구원을 얻는 데 충분한 영적 공로를 지님을 기꺼이 인정하려는 유대교의 태도가 거의 서양 신학에만 존재하는 유대교 자유주의를 키웠다.

이 사실은 유대교가 개종자 문제에 취하는 입장, 즉 개종자들 받아들이긴 하되 적극 포교를 하지 않는 사실과, 실제로 랍비들이 타종교에서 전향하려는 사람들을 단념시키고, 받아들이더라도 엄격한 시험을 거쳐 받아들이도록 교육을 받고 있는 사실을 이해하는 데도 도움이 된다.

이러한 특이하고 거의 모순에 가까운 입장은 어느 정도는 역사 과정에서 생긴 산물이다. 로마 제국 시대에는 유대인들이 광범위한 지역에서 열정적으로 선교 활동을 펼쳤다. 그들 중 더러는 이교 세계 전체를 개종시키려는 꿈을 꾸기도 했다. 그러나 어렵게 얻은 이교도들 중 상당수는 자신들이 그토록 철저히 버렸던 과거의 생활 방식을 동경했으며, 그것을 유대교에 끌어들이려고 끊임없이 노력했다. 많은 사람들이 새로 받아들인 신앙이 박해의 대상이 되면 그것을 쉽게 버리는 깃털처럼 가벼운 신자들임이 드러났다. 그렇게 해서 유대교에 개종했던 상당수가 미트라교와 기독교같이 번폐스런 의식을 강요하지 않는 다른 종교들로 돌아갔다. 처음은 뜨겁게 달아오르더라도 두 번째는 신중해지는 법이다. 오늘날 유대교의 개종자 정책은 진실성과 항구성을 시험하는 데 중점을 둔다.

더 나아가 유대교가 비 유대인에게 취하는 정책은 유대인이든 비 유대인이든 선한 사람은 주께서 받으신다는 확신에 무게를 실어준다. 유대교에는 다른 교파들과 같은 선교 열정을 강조하는 규정이 없다. 유대교만 영원한 멸망에서 구원을 빋을 수 있다고 주장하지 않는다.

유대교가 관점의 폭이 넓다는 점은 유대인들이 중세 내내 받았던 야만적인 박해를 생각해 보면 더욱 부각된다. 만일 그들이 셰익스피어의 표현대로 어렸을 때부터 배워온 악행을 즐겨 저질렀거나, 자신들을 괴롭히는 교회의 신자들에 대해 구원의 가능성을 아예 부정했다 하더라도, 그들이 당해온 일들을 감안하면 이해되는 면이 있었을 것이다. 어느 교파에 속했든 선을 행하는 사람은 구원을 얻는다는 그들의 일관된 주장은 유대교와 중세 유대인들이 품었던 이상을 웅변으로 말해준다.

5. 타종교들

전통파 유대인에게 유대교는 단연 우월하고 유일하게 참된 신앙이다. 하지만 다른 종교들을 반드시 혹은 철저히 잘못되었다고 여기는 것은 아니다. 오히려 부분적으로 참될 수가 있고, 참된 정도는 유대교에 가까운 정도에 비례한다고 본다.

이런 표준에 의하면, 비 유대교 교파들은 완전히 캄캄한 교파에서부터 거의 광명한 교파에 이르기까지 다양한 분포를 이루고 있는 셈이다. 우상숭배와 다신교는 척결해야 할 미신과 오류이다. 삼위일체를 믿는 기독교에는 타당한 요소와 타당치 않은 요소가 섞여 있다. 유니테리언파처럼 윤리적 유일신론을 믿는 교파는 거기서 더 나가지 않는 한에는 나무랄 데 없다.

이 점에 관한 전통파 유대교의 관점은 11세기에 솔로몬 이븐 가비롤이 쓴 『왕관』(*The Royal Crown*)이란 시집의 제8편에 잘 나타나 있다.

당신은 하나님이시며,
조성된 만물이 당신을 섬기는 종들이요 경배자들입니다.
그렇지만 당신의 영광은 당신말고
다른 대상에게 드린 예배로 인하여 줄어드는 법이 없으니,
이는 그런 예배의 열망조차
당신께 가까이 오는 것이기 때문입니다.

그러나 그런 예배를 드리는 자들은 소경과 같아서,

얼굴은 왕의 대로를 향하고 있지만,

발은 여전히 길을 배회하고 있습니다.

더러는 물웅덩이에 빠지고

더러는 덫에 걸리기도 하면서도,

모두가 스스로 마음의 소원을 이룬 줄로 알고 있습니다.

모든 게 헛수고인 줄 그들은 모릅니다.

그러나 당신의 종들은 좌로나 우로 치우치지 않고

대로를 똑바로 걷다가

마침내 왕궁 뜰에 다다릅니다.

인용문의 앞 부분에서 독자 여러분이 잘 봐야 할 점은, 첫째, 모든 사람이 하나님을 예배하려는 진지한 열망을 품고 있음을 인정한다는 점이다. 둘째, 이른바 '천로역정'(天路歷程)이 사실상 모든 교파들에서 이루어지고 있으며, 다만 왕의 대로를 더 많이 가느냐 못 가느냐의 차이가 있을 뿐임을 인정한다는 점이다. 셋째, 오직 유대교만 왕궁에 도달한다고 확신한다는 점이다. 결국 유대교 전통주의의 교리가 담긴 비유인 셈이다.

현대주의자들은 다양한 종교들을 바라볼 때, 수많은 명제들 가운데 하나만 옳고 나머지는 다 틀렸다는 식으로 보라보지 않는다. 오히려 저마다 고유한 진실과 덕목을 지닌 다양한 개인과 문화들을 생각하듯이 종교들을 인식한다.

이 점에서 종교가 다원적인 것은 개탄할 일이 아니라 좋은 일이며, 이는 마치 세상에 많은 개인들과 문화들이 있는 것이 유익한 것과 마찬가지이다.

삶은 색채와 다양성 안에서 더욱 풍부해진다.

각 종교는 다른 종교들에 자극을 받아 활력을 얻고, 상대방의 비판을 항상 경청하여 자기 정화의 계기로 삼는다.

서로 다른 교회들은 서로의 부족을 채워주며, 고유한 통찰이나 가치관을 교환하며, 모두에게 공통된 명제들과 이상들에 명쾌한 해석과 색채를 부여한다. 이로써 인간 정신의 삶 전체가 오직 하나의 원천에서 내놓을 수 있는 것보다 더 원만한 모습을 띠게 된다.

물론 개별적인 교리들은 참일 수도 있고 거짓일 수도 있으며, 그것은 첨예한 쟁점이 된다. 그러나 어떠한 종파도 송두리째 오류인 경우란 없다. 어느 경우든 종교는 오류를 발견함으로써 타파되는 수학의 과정이 아니다. 반대로, 어떤 종파도 오직 자기들만 진리와 선이라고 주장해서는 안 된다. 오히려 자기들의 장점을 충분히 나타내고, 자기들의 오류를 고치고, 부족을 채우는 것이 그들의 할 일이다.

유대교 현대주의자들이 볼 때, 유대교는 최고의 유산을 물려받았다. 교리가 명쾌하고 합리적이고, 도덕률이 숭고하면서도 실제적이고, 사회를 정의롭게 세우려는 열정이 강하고, 육체와 영혼의 균형을 중시하고, 시적(詩的) 의식(儀式)이 풍부하고, 양심의 자유를 지키기 위해 힘쓰고, 이성적 삶을 존중한다.

그러나 다른 종교들도 이러한 특성들을 다소간에 지닐 수 있으며, 유대교에 없는 장점을 나타내기도 한다.

브라만교는 신비스러운 도리를 탐구하고 수도(修道) 방법을 발전시킨 점에서 크게 앞서 갔다.

퀘이커교는 평화 중심의 윤리학을 구체적으로 발전시켰다.

로마 카톨릭 교회는 예배 의식이 매우 정교하고 극적이다.

결론은 이것이다. 유대교 현대주의는 종교들을 서로 대립시키기를 좋아하지 않는다. 각 종교가 자기 분량의 진리와 가치를 지니고, 저마다 권리를 누리며, 그들의 다양성 속에서 궁극적으로는 하나님과 인간과 진리에 더 이로움을 끼치는 것으로 만족한다.

현대주의자 자신은 유대교를 만족스럽게 여긴다.

유대교를 자신의 것으로 여긴다. 그래서 부모와 조국에게 의무를 다하듯이, 유대교에 의무를 다한다.

유대교는 그가 속해 있는 민족의 신앙이다.

유대교는 고갈되지 않는 자원이다.

유대교는 독특하며, 다른 것으로 대체할 수 없다. 만일 유대교를 잃는다면 세계는 가난해질 것이다.

그러므로 유대교 현대주의자는 유대교 안에 사는 것을 만족스럽게 여기며, 수를 다하면 그 안에서 죽는다. 이것으로 넉넉하며 더 부족함이 없다.

6. 유대교가 바라보는 예수

유대교가 기독교에 대해서 내리는 평가는 언제나 두 가지 요인에 영향을 받는다. 첫째는 가변적인 요인이고, 둘째는 항구적인 요인이다.

가변적인 요인은 기독교가 사물과 인간, 그 중에서도 특히 유대인들과 유대교를 대하는 태도이다. 어떤 주장을 평가할 때 그것을 옹호하는 사람들의 품행을 가장 우선된 기준으로 삼아 평가해서는 안 된다. 그리고 이 규율을 끝까지 견지할 만큼 정신력이 강인한 사람들도 없지 않다. 하지만 대다수 사람들은 영웅적 자질이 크지 않은 까닭에 어떤 주장을 칭송할 때 적어도 어느 정도는 행실을 보고 칭송을 한다.

유대인들은 그리스도인이 자신들의 교훈에 부합한 덕목을 실천하는 모습을 볼 때 종교적으로 우호적인 감정을 갖지 않을 수 없다. 그러나 그리스도인이 유대인들에 대한 박해를 묵인할 뿐 아니라 적극 박해에 개입할 때(불행하게도 이런 경우가 아주 많았다), 성직자들과 교회들이 반 유대주의를 강력히 사주할 때, 기독교를 바라보는 유대인들의 태도도 심각한 영향을 받지 않을 수 없게 된다.

유대인들이 기독교를 평가할 때 작용하는 항구적인 요인은 기독교 자체의 본질에 있다. 기독교의 본질은 편의상 크게 두 가지 요소로 나누어 생각할 수 있다. 첫째는 예수라는 인물이고, 둘째는 그 위에 그에 관하여 세워진 종교이다.

유대인들은 예수를 어떻게 생각하는가?

이 질문은 논리상 질문의 대답보다 앞서 생각해야 할 많은 문제들을 일으킨다.

우리가 예수라고 할 때 어떤 예수를 가리키는가? 비잔틴 교회와 로마 교회의 초자연적 그리스도, 즉 인간으로 생각할 여지가 조금도 남아 있지 않은 하나님을 가리키는가? 아니면 하나님이기에는 너무나 인간적이어서 다른 사멸적 존재와 다르지 않은, 힉스파 퀘이커교(Hicksite Quakerism)나 유니테리언파가 믿는 살과 피를 지닌 나사렛 사람을 가리키는가?

이 질문은 대답이 불가능하다. 왜냐하면 이런 식으로 보자면 예수가 한 분이 아니고 기독교 세계에 존재하는 교회들의 수만큼 많기 때문이다. 그렇다면 질문의 각도를 바꾸어 곤경을 피해가도록 하자.

"유대인들은 복음서들의 예수에 관해서 어떻게 생각하는가?"

이 질문 역시 보기와 달리 간단하지 않다. 네 복음서가 그 나사렛 사람에 관해 전하는 내용이 한결같지 않기 때문이다. 복음서들 간의 차이를 무시하더라도 - 때로는 그 차이가 심각하다 - 다른 난제들이 남는다. 신약성경에서 예수가 일으켰다고 하는 기적들이 그의 메시지와 무관한가, 아니면 중요한가? 즉, 죽은 자를 살린 일, 물 위를 걸은 일, 귀신들을 쫓아내 돼지 떼 속으로 들어가게 하고, 돼지 떼가 일제히 바다 속으로 뛰어든 일, 동정녀에게서 태어난 일, 죽은 뒤 사흘날에 다시 살아 하늘에 오른 일이 그의 메시지와 무슨 관계가 있는가? 복음서들이 전도용 문서들로서, 저마다 논리를 수립하기 위해 노력한 흔적이 있다는 고등비평의 결론이 나오게 만든 요인이 무엇인가? 만일 신약성경의 일부분이 진정성의 의심을 받고, 또 다른 부분은 편향성의 의심을 받는다면, 신약성경의 어떤 부분을 사실로 받아야 하는가?

하지만 이런 의구심들을 자제하고, 복음서 내용, 그 중에서도 기적을 전하는 이야기들을 살펴보고, 유대교가 복음서에 등장하는 예수에 관해 뭐라고 말하는지 생각해 보자.

유대인들에게 복음서들에 등장하는 예수는 정신이 매우 아름답고 고결하고, 인간들에 대한 사랑과 동정심이 극진하고, 인간 본성을 예리하게 통찰하고, 비유와 경구(警句)의 능력이 탁월하고, 더욱이 열정적인 유대인이고, 자기 민족의 신앙을 확고히 믿은 인물이다. 무엇보다도 유대교의 신앙적·윤리적 원리들을 헌신적으로 가르친 교사이다.

그러나 예수에게는 교사의 수준을 넘어서는 면이 있지 않은가? 당시까지 알려지지 않은 새롭고 더욱 숭고한 행동 원리들을 선포한 도덕적 선지자로 평가해야 하지 않는가?

기록을 객관적으로 검증하기 전에는 그럴 수가 없다. 예수에 관한 상징적인 사실은, 우리가 당장이라도 일일이 열거할 수 있는 비교적 덜 중요한 부분들을 제외한다면, 예수는 유대교 전승이 이

전까지 가르치지 않았던 윤리적 교리를 선포하지 않았다는 것이다. 예수가 가르친 내용은 사실상 구약성경과 현자들에게 받은 유대교 전승이었다. 그가 설교한 모든 원리, 그가 사용한 많은 경구와 비유들에 대해서는 이미 그에 해당하는 성경적 혹은 랍비적 선례들이 존재한다. 산상보훈의 구절들도 당대의 유대교 경건 문학에서 병행하는 내용을 일일이 제시할 수 있다.

더 나아가 예수가 엄격한 공의만 알던 유대교에 사랑과 자비의 계명을 도입했다는 것도 사실이 아니다. 구약성경을 진지하게 읽어본 사람이라면 그 나사렛 사람이 태어나기 오래 전부터 이스라엘에는 사랑과 자비의 개념이 있었고, 그것이 가장 권위 있는 덕목으로 통했다는 사실을 잘 안다. 랍비 문학을 읽어본 사람이라면 예수가 전한 인간다움의 이상이 그만의 독특한 사상이 아니라, 같은 민족과 시대 속에 살던 수많은 선량한 사람들의 공통된 열망이었음을 안다.

예수의 진정성과 독창성을 부인하려는 게 아니다. 그는 알레고리의 능력이 탁월했고, 촌철살인의 재능이 있었고, 논리의 초점을 선명하게 하는 역량이 있었으나, 마치 거울을 통해서 보듯이 흐리게 보았다. 그에게는 합성가로서의 탁월한 재능과, 산발적으로 존재하는 진리를 취합하여 유기적으로 통일하는 능력이 있었다. 그리고 그에게는 항상 자기 고유의 인격과 탁월한 업적이 있다. 이 모든 것이 다 독창적인 것이지만, 인격 자체를 제외한다면 부차적이고 파생적인 것에 지나지 않는다. 그것은 무에서의 창조가 아니라, 기존에 인정되던 것을 재배치하고 부연한 것이다. 하지만 도 덕적 선지자는 당시까지 의심받지 않던 진리를 선포하는 혁신가 이다. 이런 정의에 따르면 예수는 선지자가 아니다.

율리우스 벨하우젠(Julius Wellhausen)도 그 점을 인정했다. "예수는 그리스도인이 아니었다. 그는 유대인이었다. 그는 새로운 신앙을 전파하지 않았다."

예수는 불과 몇 가지 점에서만 유대교 전승과 유대인들이 믿던 모든 것에서 벗어났을 뿐이며, 그것은 그의 실수였다.

예수는 하나님 나라를 임하게 한 분으로서, 선지자들이 예언한 메시야였다고 대대로 인정을 받아온 듯하다. 그러나 예수가 탄생 한 이래로 바뀌어온 세상의 상태는 유대인들에게 그를 메시야로 인정하도록 만들만큼 깊은 인상을 주지 못했다.

또한 유대교는 예수가 드러낸 염세적인 태도, 사회 문제와 하루 하루 살아가는 일에 관한 무관심, 내세와 메시야 시대에만 몰두하 는 태도를 마땅치 않게 생각한다. 이러한 그의 기질은 설명하기 어렵지 않다. 예수는 당대의 많은 유대인들과 마찬가지로 자연과 사회의 옛 질서가 끝날 날이 가까이 왔고, 새롭고 이상적인 시대 가 곧 도래할 것이라고 확신한 듯하다. 더욱이 그는 이 우주적 혁 명이 자기 제자들의 생전에 이루어질 것으로 예상했다. "이 세대 가 지나가기 전에 이 일이 다 이루리라." "여기 섰는 사람 중에 죽 기 전에 인자가 그 왕권을 가지고 오는 것을 볼 자들도 있느니라."

이런 확신과, 내세에 중심을 둔 그의 교훈을 감안하면, 그의 당혹스러운 발언들이 이해하기 어렵지 않다.

물론 예수는 로마 제국의 전제군주 앞에서 주눅들지 않고, 언제든 "가이사의 것은 가이사에게" 돌려줄 준비가 되어 있었다. ('가이사'를 '무솔리니'로 바꿔 읽으면 그 말에 담긴 충격적 의미를 이해하는 데 도움이 된다.) 무엇보다도 그의 나라는 이 세상에 속하지 않았다. 그렇다면 로마의 정복자들이 와서 원하는 대로 땅을 차지해도 상관할 게 없다는 뜻이다. 그뿐 아니라 얼마 후면 로마 제국을 포함하는 옛 시대가 하나님의 전능한 손에 쓸려나갈 텐데, 로마에 저항하는 게 무슨 의미가 있었겠는가? 따라서 사람들에게 요구된 것은 악의 세력에 저항하는 용기가 아니라, 그 세력이 사라지는 날까지 참고 기다리는 태도였다.

이런 관점에서 살펴보면, 예수가 "천국을 위하여 스스로 된 고자도 있도다" 하고 칭송할 때 결혼을 존중한 이면에 어떤 논리가 흐르고 있었는지, 그리고 다음과 같은 말에 가정 생활에 관해 어떤 평가를 내리고 있었는지 잘 나타난다. "하나님의 나라를 위하여 집이나 아내나 형제나 부모나 자녀를 버린 자는 금세에 있어 여러 배를 받고 내세에 영생을 받지 못할 자가 없느니라." 제자들에게 해준 조언에도 그런 태도가 잘 나타난다. "너희 목숨을 위하여 무엇을 먹을까 몸을 위하여 무엇을 입을까 염려하지 말라." 이 모든 것은 세상을 등질 뿐 아니라, 세상의 종말이 임박했다고 믿는 사람에게 자연스러운 생각이다. 그러나 그런 조언들은 지상의 삶을 포기하거나 다음 세대에도 사회가 존속할 것을 예상하는 사람들에게는 따를 만한 교훈이 아니다.

그러나 유대인들이 그를 비록 선지자로 영접하지는 않더라도 적어도 완전한 사람, 본받아야 할 이상적인 인물로 받아들일 수는 없는가?

이 질문 역시 성립이 되지 않는다. 냉정한 진리는, 예수가 비록 신앙 영웅이긴 하지만 완전하지 않다는 것이다. 기독교가 상상하는 예수는 사실상 신약성경의 사건들에서 면밀히 추려낸 내용을 토대로 지어낸 이상적 인물이다.

예를 들어, 예수는 이성(理性)과 아름다움의 삶에 관심을 보이지 않으며, 당대 그리스·로마 세계의 철학과 과학에는 더욱 무관심하다. 그의 사상은 숭고하긴 하지만 폭은 좁다.

더욱이 그는 개인과 개인의 구원에 너무 치중한 나머지 사회에 관해서는 말하지 않는다. 당대의 사회적 쟁점들을 진지하게 거론한 예가 없다. 노예제도 폐지나 노동자의 권익 증진에 관해 언급하지 않았으며, 모든 것을 삼켜버리는 로마 제국의 전체주의와 그에 대한 대처 방법도 언급하지 않는다. 그의 사회적 복음은 빈약하다. 너무 빈약한 까닭에, 기독교 세계는 그에게서 더 거슬러 올라가 구약 선지자들의 정치적·경제적 이상을 참고해야 했다.

게다가 그의 인격도 예외가 아니었다.

그는 분노를 표출했다. 가버나움과 고라신, 벳새다 같은 성읍들을 저주했고, 무화과나무가 제 철이 아닌데도 열매가 없어 주림을 해소할 수 없었다는 이유로 저주했다. 그리고 대부분 정직하고 헌신적인 사람들이었던 서기관들과 바리새인들을 정죄했다.

마지막으로, 그에게는 적어도 쇼비니즘의 흔적이 있었다. 가나안 여인이 딸을 데리고 와서 병을 고쳐달라고 부탁하자, 그는 "자녀의 떡을 취하여 개들에게 던짐이 마땅치 아니하니라" 하고 대답했다. 그는 분명히 이렇게 말했다. "나는 이스라엘 집의 잃어버린 양 외에는 다른 데로 보내심을 받지 아니하였노라." 그에게 '이방인'과 '세리'는 다 같이 욕설이었다. 그리고 그는 사도들에게 비유대인들에게는 복음을 전하지 말라고 분명히 당부했다.

이런 실수들은 인간의 연약함을 감안할 때 이해할 만한 것들이다. 이런 단점들은 장점들에 의해 분명히 상쇄된다. 하지만 문제는 그것이 예수가 완전하다는 주장과 일치하지 않으며, 그가 무비판적으로 존경을 받고 조건 없이 본받아야 할 대상이라는 주장과도 일치하지 않는다.

이에 대해 그리스도인은 이렇게 말할 것이다. "예수가 하나님도 아니고 하나님의 아들도 아니고 메시야도 아니고 도덕적 선지자도 아니고 결함 없는 인간도 아니라고 치자. 그렇지만 여러 가지 결점에도 불구하고 그는 위대한 인간이자 훌륭한 스승이었다. 유대인들은 그를 그만한 인물로 받아들일 용의가 없는가?"

이 질문에 대해서 유대인들은 이렇게 대답한다. "일찍이 유대인들이 극단적인 도발을 당한 경우를 제외하고서 예수를 그렇게 소개한다고 해서 다툰 적이 있는가?"

7. 기독교에 대한 유대교의 관점

기독교가 새롭고 독특한 종교로 등장하게 된 것은 주로 바울 덕택이었다.

앞에서 살펴보았듯이, 예수의 사상과 이상의 상당 부분에 대해서 유대교는 깊이 공감한다. 그 사상과 이상이 유대교 없이 어떻게 홀로 존재할 수 있었겠는가? 차이는 메시야 직분에 관한 구체적인 주장과, 도덕적 강조와 방향의 차이, 그리고 얼른 보면 커 보이지만 중요한 공감대에 놓고 볼 때 사소한 항목들에서 벌어진다. 그리고 유대인들은 예수의 이름으로 자신들에게 야만적이고 무례한 행위가 가해지기 전에는 예수와 자신들 사이에 교리와 목적이 같은 거대한 공동체가 존재함을 의식한다. 모세스 마이모니데스는 이러한 정신을 갖고 있었기에 예수에게 "메시야 왕의 길을 예비한 분"이라는 찬사를 보냈다.

하지만 바울의 경우에는 이야기가 달라진다. 그는 자신이 주장한 대로 "내가 팔일만에 할례를 받고 이스라엘의 족속이요 베냐민의 지파와 히브리인 중의 히브리인이요 율법으로는 바리새인이요 열심으로는 교회를 핍박하고 율법의 의로는 흠이 없는 자"였으나, 사상으로는 그리스-로마 세계의 산물이었다. 헬레니즘 정신이 그 안에 강하게 흘러서 그를 결국 유대교와 근본적으로 합치할 수 없는 관점과 가치관으로 몰아갔다. 사도행전에 잘 나타나 있듯이,

그의 혁신은 예수를 가장 친밀히 알던 사도들, 특히 베드로와 '주의 형제' 야고보에게 강한 반대를 받았다. 그럼에도 불구하고 그는 기독교 공동체를 자신의 사상으로 끌어들이는 데 성공했다. 유대교가 대대로 반대해온 것은 기독교 내에 존재하는 다음과 같은 바울적인 요소들이다.

- 육체는 악하므로 억압해야 한다는 주장.
- 모든 인간이 태어나기 전에 원죄와 멸망이 결정되었다는 견해.
- 예수를 인간이 아닌 육신이 된 하나님으로 보는 견해.
- 인간이 대속(代贖)에 의해 구원받을 수 있고, 구원은 오직 이 방법을 통해서만 이루어지며, 예수는 하나님이 그를 믿는 자를 구원하시기 위해 제물로 삼으신 하나님의 아들이시라는 견해.
- 성경과 전승의 권위를 폐지하고, 토라의 계명들을 무효화한 행위.
- 예수가 죽은 자 가운데 살아난 뒤 하늘에 거하다가 때가 되면 세상에 재림하여 인류를 심판하고 하나님 나라를 수립할 것이라는 믿음.
- 이런 교훈을 진실히 믿는 사람은 자동적으로 구원을 얻지만, 부정하는 사람은 아무리 품행이 훌륭하더라도 영원히 멸망당한다는 최종적이고 결정적인 교리.

이러한 명제들과 이와 유사한 주장들을 유대교는 배격한다. 그러나 이것이 역사적 기독교의 날줄과 씨줄인 까닭에, 이것을 배격하면 결국 기독교 전체를 조작으로 간주하여 배격하게 된다.

기독교와 유대교 사이의 균열은 바울 시대에 그리고 주로 그 때문에 치유할 수 없었다. 두 신앙은 일단 서로 갈라선 뒤에는 점점 더 간격이 벌어졌으며, 그 과정에서 기독교 신학은 갈수록 정교해져서 삼위일체, 미사의 기적, 성인 숭배, 마리아의 대언(代言) 능력, 그리고 교황들의 교리적 무류성 같은 교리들을 주장하게 되었다.

그런데 기독교는 유대교가 반대하는 교리와 특성들을 훨씬 넘어서는 것이 사실이다. 더욱이 기독교는 약점보다는 강점을 기준으로 평가를 받을 자격이 있다. 지금 우리가 후자에 치중한다 해도 전자에 무지하기 때문에 그런 것은 아니다. 사려 깊은 유대인이라면 기독교 세계의 위대한 사상가들이 개척한 깊고 찬란한 사상 세계와, 기독교 윤리학자들과 성인들의 숭고한 삶, 전례(典禮)학자, 건축가, 미술가, 시인, 음악가들의 탁월함, 사회 개혁자들의 영웅적 활동, 신자 다중의 선량함을 존경하지 않을 수 없다. 하지만 지금 우리는 유대교가 기독교와 어떻게 다른가를 설명하고 있다. 그것은 기독교의 훌륭한 유산들에서 생긴 차이가 아니라, 유대교 전승이 인정할 수 없는 요소들 때문에 생긴 차이이다.

그 간격이 메워질 것인가? 어머니와 딸인 두 종교가 화해하는 날이 올 것인가?

전통주의 유대인은 가능하다고 말한다. 단, 그러려면 그리스도인들이 유대교에 수정하고 첨가한 내용들을 제거해야 한다.

근본주의 유대인도 가능하다고 말한다. 단, 그러려면 유대인들이 그리스도를 자신들의 구주로 영접해야 한다.

두 진영의 많은 현대주의자들은 두 종파가 연합해야 할 이유를 이해하지 못한다. 각자가 자신의 성격을 순수하고 강하게 유지해가자는 것이 그들의 주장이다. 서로의 간격을 굳이 메울 필요는 없으나, 다만 서로 허심탄회하게 대하고 이해해줌으로써 다리를 놓을 필요는 있다고 본다.

8. 개체와 보편

유대교는 개체와 보편, 자아와 공동체, 구체적 종교와 보편적 영성, 이스라엘에 대한 충성과 인류에 대한 헌신 사이에 긴장이 있어야 할 필요를 느끼지 않는다.

유대교는 인간이 자신을 위해 존재해야 하는지, 아니면 동료 인간들을 위해 존재해야 하는지 묻지 않는다. 당연히 둘 다를 위해 살아야 하며, 먼저 자신의 잠재적 능력을 실현해야 다른 사람들을 가장 잘 섬길 수 있다고 생각한다. 다만 - 이것이 결정적인 조건이다 - 큰 목표가 작은 목표에 함몰되어서는 안 된다. 자아 계발은 언제나 - 의식적으로, 신중하게 - 사회를 섬기고 더 나아가 하나님을 섬기는 것을 지향해야 한다. 이로써 과도한 개인주의를 제어한다. 개체성을 부정함으로써 제어하는 것이 아니라 - 개체성을 부정한다는 것은 무모하고 파괴적인 행위이다 - 개체가 사회의 유익을 위해 봉사하도록 유도함으로써 제어하는 것이다.

같은 이치로, 혈육과 민족과 국가를 중시하는 것과 신앙과 인류 보편을 위해 헌신하는 것 사이에도 아무런 괴리가 없다. 유대교는 인간이 자기 자신을 아끼고 사랑하는 것을 당연하게 여긴다. 그렇지만 배타성과 불관용의 함정을 피하기를 기대한다. 좁은 헌신을 넓은 헌신에 종속시키는 간단한 방법으로 모든 인간이 마침내 세계 공동체와 하나님의 뜻을 위해 살도록 유도한다.

유대교가 보편 종교인가 특정 종교인가, 인류만큼 품이 넓은가 특정 그룹에 치중하는가? 대답은 자명하다. '둘 다'라는 것이다. 유대교는 특정 민족의 특정한 신앙이지만, 민족과 신앙이 모두 대단히 광범위한 이상들에 초점을 맞춘다.

그 점에서 유대교는 다른 종교에서는 찾아보기 힘든, 아마도 독보적인 입장을 견지한다. 개인과 집단은 서로에 대한 충성을 따로 구분하여 개인을 집단과, 민족을 인류와, 교회를 인간 정신과 대립시킬 소지가 크다. 이렇게 있지도 않은 거짓 대립을 수립한 다음 사람들에게 혈통을 버리라고 요구하거나, 반대로 부분을 위해 전체를 버리라고 몰아세운다.

유대교는 인간들이 많은 고통을 안고 산다는 사실을 지혜롭고 현실적으로 수용한다. 개인에게 가설적이고 유토피아적인 보편화를 위해 독특한 인간이거나 집단의 부분이 되기를 중단하라고 요구하지 않는다. 오히려 인간과 시민과 신자로서 하나님과 세상을 힘써 섬김으로써 최상의 상태에 도달하라고 권고한다.

　이로써 유대교에서는 개체와 보편이 더 이상 경쟁 상대가 아니다. 전자는 오히려 후자에게 무게와 구체성과 힘을 주고, 후자는 전자를 끌어올리고 편협함에서 건져낸다.

Ⅶ. 의식과 관습

1. 기도의 다리

기도는 사람과 하나님을 이어주는 다리이다.

사람은 지력으로 하나님이 계신 사실과 하나님이 어떠한 분인가를 그려낸다.

직관으로는 하나님을 경험한다.

계시로는 그것을 신뢰하는 정도만큼 분명하게 하나님에 관한 증거를 받는다.

선한 생활로는 하나님의 빛을 따라 길을 낸다.

의식으로는 하나님을 찬양한다.

그러나 영혼이 하나님과 영혼을 교환하는 일은 오직 기도로만 이루어진다.

그렇다면 기도는 두 가지 요소로 이루어지는 셈이다. 영혼이 하나님을 향해야 한다. 그리고 말을 하든 않든 하나님께 마음을 전해야 한다.

인간은 여러 가지 분위기와 의도로 하나님을 향하기 때문에, 기도도 기질과 목적만큼 많고 다양하다. 하지만 특정 형태들이 훨씬 많이 사용되는데, 그 이유는 의심할 여지없이 공통되고 근본적인 정서를 표현하기 때문이다.

이런 기도들 가운데 가장 두드러진 것들은 다음과 같다.

- 묵상의 기도. 하나님과 그분의 뜻을 묵상하는 기도이다.
- 경배의 기도. 하나님의 위대하심과 신비하심을 찬송하는 기도이다.
- 감사의 기도. 하나님의 선하심을 맛보고서 말로 감사를 드리는 기도이다.
- 확언의 기도. 믿음과 소원을 분명히 아뢰는 기도이다.
- 단념의 기도. 자신의 수단과 능력이 고갈될 때 그 짐을 주께 맡기는 기도이다.
- 참회의 기도. 죄책감에 눌리는 양심이 죄를 고백하고 용서를 구하는 기도.
- 항변의 기도. 세상의 불의에 대해 의분을 토로하고, 불의를 바로잡아 주시기를 구하는 기도.
- 질문의 기도. 당혹하고 막막한 상태에서 빛과 인도를 구하며, 때로는 하나님 자신을 구하는 기도.
- 간구의 기도. 육체적인 것이든 정신적인 것이든, 자신을 위한 것이든 남을 위한 것이든 마음의 소원을 아뢰는 기도.

이와 같은 기도의 주요 범주들의 사례는 거의 모든 사람의 전기와 서신에서 찾아볼 수 있지만, 가장 풍부하게 볼 수 있는 곳이 성경 – 특히 시편 – 과 랍비 문학, 그리고 공인된 유대교 기도서이다. 만일 이 입문서를 읽은 독자 여러분이 그 자료들을 펼쳐 읽는다면 정신의 이 도구의 형태와 능력이 얼마나 매력적인지 알게 될 것이다.

2. 예배

인간은 자기 혼자가 아니라 사회에 속한 존재이다. 따라서 혼자 하나님께 아뢰는 것으로는 충분하지 않다. 다른 방식으로도 하나님께 아뢰어야 한다.

인간이 사회적 존재로서 드리는 기도가 예배이다.

예배는 대체로 공적인 성격을 띠지만, 반드시 공적일 필요는 없다. 미리 설정된 프로그램에 따라 본문과 의식을 정하는 것이 가장 일반적이지만, 반드시 그래야 하는 법은 없다. 어떠한 기도나 의식이든 집단의 구성원으로서의 의식을 가지고 드리면 예배가 된다.

유대교 전승은 유대인에게 하나님과 개인적인 관계를 수립하고, 마음이 일어날 때 하나님 앞에 나아가라고 권한다.

"사람이 과연 평생 기도할 수 있을까?"

이것이 고대 랍비의 소원이었다.

그러나 유대인은 이스라엘인이기도 하며, 유대 민족에 속한 한 사람이다. 그러므로 유대교는 유대인이 하나님께 나아갈 때와 절기를 정해 놓았다. 그렇게 기도할 때 사용하도록 고백할 내용과 간구할 내용과 유대인으로서 기대할 소망의 내용을 적어 놓았다. 심지어 기도할 때 사용할 표현과 제스처까지 소개해 놓았다. 이것이 평일과 안식일과 절기와 성일을 위한 유대교의 공인된 기도서들의 성격이다. 기도서들에는 전통적인 유대인이 자신과 유대인 집단을 위해 품어야 할 근본적이고도 최소한의 소원을 진술한다.

3. 기도의 전제 조건

유대교 전승은 기도를 매우 중시하지만, 부주의하게 쓰일 수도 있음을 경고한다.

기도가 효과 있으려면 진실해야 한다. 진심을 토로해야지, 가식적으로 해서는 안 된다.

기도가 효과 있으려면 살아 있어야 한다. 죽은 기도, 기계적으로 우물거리는 기도는 기도가 아니라 우스운 짓이다.

기도가 효과 있으려면 하나님과 실재에 대한 바른 인식의 터에서 드려야 한다. 형이상학자들과 신학자들만 기도를 드릴 수 있다는 말이 아니다. 생각이 지극히 단순한 사람도 누구 못지 않게 기도할 동등한 권리를 지닌다. 오히려 그의 영적 진솔함 때문에 기도의 효과가 더 클 수가 있다. 그러나 오류와 착오를 넘어서서 종교적 혹은 도덕적인 정당한 통찰이 있어야 한다.

기도가 효과 있으려면 하나님의 뜻을 인간의 뜻보다 높은 데 두어야 하며, 만일 그 둘이 상충되면 후자를 전자에 복종시켜야 한다. 기도는 항상 "주의 뜻이 이루어지기를 바랍니다"라는 마음이나 표현으로 시작해야 한다. 그리고 말로든 침묵으로든 "주의 뜻이 이루어질 것입니다"는 말로 맺어야 한다.

기도가 효과 있으려면 윤리적이어야 한다. 도덕 원칙에 위배되는 것을 구해서는 안 된다. 동료 인간이 품은 똑같이 합법적인 소원이나 집단의 소원을 무위로 돌리는 소원을 구해서는 안 된다.

기도는 깨끗한 손으로, 혹은 깨끗하기를 진심으로 바라는 마음으로 드려야 한다. 가난한 자에게 탈취한 것을 집에 둔 채 하나님 앞에 나아가서는 안 되며, 기도가 끝나자마자 다시 죄를 지을 마음을 품은 채 사죄를 구해서는 안 된다.

기도는 가장 숭고하고 고상한 것을 구해야 한다. 차선은 인간의 힘으로도 이룰 수 있다.

마지막으로, 기도가 효과 있으려면 애당초 불가능한 것을 구해서는 안 된다. 탈무드는 그런 식으로 기도를 남용하는 두 가지 사례를 소개한다.

출산을 앞둔 여성의 남편은 "주의 뜻이면 제 아내가 아들[혹은 딸]을 낳게 해주옵소서"라는 기도를 드려서는 안 된다. 그런 기도는 몰상식한 것이라고 랍비들은 말한다. 아기가 태어나지 않았어도 이미 아들이든 딸이든 결정된 상태이기 때문이다.

또한 랍비들은 시내에서 화재 경보를 들은 사람이 "주의 뜻이면 화재를 당한 집이 저희 집이 되지 않게 해주옵소서" 하고 기도해서는 안 된다고 말한다. 두 가지 이유에서 그렇다. 첫째, 그러한 기도는 사실상 불행이 다른 집으로 돌아가기를 구하는 것인데, 그것은 부도덕한 행위이다. 둘째, 어디서 났든 화재는 이미 난 상태이다.

정리하자면, 인간은 엄연한 사실을 놓고 사실이 아니기를 기도해서는 안 된다.

4. 기도의 효과

기도가 효과 있으려면……

그러나 유대교 전승은 기도의 효과를 무엇이라고 가르치는가? 과연 기도가 효과가 있는가?

하나님께서 기도에 응답하신다는 것이 유대교의 기본 신념이다. 응답의 범위에 대해서는 유대교 신자들의 견해가 엇갈린다. 어떤 이들은 범위를 최대한으로 잡는 낙관론을 지니는 반면에, 다른 이들은 비관론은 아닐지라도 적어도 신중하게 범위를 최소한으로 잡는다.

모든 유대인들은 우리가 열거한 기도의 조건들과 한계들을 인정한다. 기도의 효과를 가장 낙관적으로 바라보는 사람조차 기도가 인간의 노력을 대체하지 않음을 인정한다. 참된 유대인이 아니라면 하나님께 기도해서도 안 되고, 손을 모아서는 안 되며, 소원이 이루어지기를 기대해서도 안 된다. 기도하는 사람은 또한 행동한다. 병자는 하나님을 부르는 동시에 의사도 부른다. 만일 그렇게 하지 않는다면 그는 자기 영혼에게, 그리고 의사와 약을 내리신 하나님께 죄를 짓는 것이라고 유대교 전승은 말한다.

올바로 드리는 것을 전제로, 기도는 유대교의 관점에서 볼 때 다음과 같은 것을 얻는다. 무엇보다도 기도는 – 이 점에서 모든 유대교 신자의 견해가 일치한다 – 억눌린 감정을 풀어주고, 발설하지 않은 생각을 투명하게 만들고, 의지력을 발동하게 하는데, 이 모든 것은 심리학적 가치를 입증한다.

더 나아가 기도는 – 그리고 이 점에 대해서도 유대인 신자들의 생각이 대개 일치한다 – 다른 방법을 통해서는 도달하지 못할 인격 수준의 문을 두드려 정신의 충분한 자원을 이끌어내는 것이다.

기도가 이러한 독특한 효과를 지닌 이유에 관해서는 신중한 사람과 낙관론자의 견해가 엇갈린다. 전자는 기도 응답 과정이 순전히 자연적인 것으로서, 인간의 정신이 하나님에 관한 생각처럼 중요한 생각에 대해 내놓는 지극히 정상적인 반응이라고 주장한다. 후자는 인간이 기도를 드릴 때 신성에 잠긴다고 주장한다. 이것은 자연 법칙을 완전히 넘어서는, 그래서 자연 법칙으로는 설명할 수 없는 체험이다.

다음으로, 모든 신앙적 유대인들은 기도가 인간 외부의 일들에 영향을 끼친다는 데 동의한다. 그러나 여기서도 일치하지 않는 것은 어떻게 영향을 끼치는가 하는 점이다. 최소주의자들은 기도가 인간 대리인들을 통해서만 물질 세계에 영향을 준다고 주장한다.

최대주의자들은 인간을 통하지 않더라도 기도가 직접 현실에 영향을 준다고 주장한다.

그렇다면 하늘이 사실상 제한되어 있다는 최대주의자들의 입장은 기도가 어떤 결과를 만들어낼 수 있다는 것인가?

이 점에 대해서 최대주의자들은 내부 의견이 엇갈린다. 더러는 기도가 과학으로서의 자연 법칙 내에서 기능해야 한다고 주장하며, 어떠한 성취도 그 한계를 벗어나서 기대해서는 안 된다고 주장한다.

다른 사람들은 비록 극단적 최대주의자들이라 불릴 수 있긴 하지만, 자연이 하나님의 손에 들린 도구에 지나지 않는다고 주장한다. 그렇다면 아무것도, 심지어 기적도 불가능할 수 없다. 이는 성경이 말하는 바와 같다.

"하나님께 능치 못할 일이 있겠느냐?"

이 시점에서 분명히 해두어야 할 점이 있는데, 그것은 종교적 유대인들이 기도를 평가하는 데 온갖 표현을 다 동원한다는 것이다. 지적해야 할 점은, 비록 절대적인 규율은 아니지만, 대다수 전통주의자들은 최대주의자들이고, 대다수 현대주의자들은 최소주의자들이라는 것이다.

5. 생활 규율

생활 규율은 과거에 모든 유대인들이 행했고 지금까지도 정통주의자들이 실행하고 있는, 유대교 전승에 의해 부과된 유대인의 일상에 관한 내용을 담고 있다. 이것은 대체로 의식법의 일부로 규정된다. 하지만 민간 관행, 지역적 관습, 혹은 개인적인 선택 사항도 담겨 있다. 여기에는 법적으로 규정된 조항을 포함해서 다양하게 해석할 여지가 많이 있다. 따라서 통일성 안에서 상당한 정도의 다양성과 자유로움이 허용된다.

유대인은 잠자리에서 일어나 활동을 시작하기 전에, 생명을 주시고 의식을 회복해 주신 하나님께 감사를 드린다.

"영원히 살아 계신 왕이여, 오늘도 크신 자비로 나의 영혼을 되돌려 주시니 그 미쁘심에 감사 드립니다."

그런 후에 몸을 일으켜 자리에서 일어나 이어지는 행동마다—첫 번째 의무로 부과된 세수하는 일, 땅에 두 발로 서는 일, 생리적 욕구를 해결하는 일, 토라에 명한 대로 술로 장식된 속옷을 입는 일—정해진 기도를 복창한다. 이렇게 모든 행동을 하나님께 맡김으로써 하늘에 계신 아버지의 뜻을 행하기에 사자처럼 강하고 사슴처럼 신속해야 한다는 조항을 행한다.

그런 후에 정규 예배를 준비한다. 다시 한 번 술이 달린 옷을 입는데, 이번에는 종교 의식이나 종교적인 학문 활동 때에만 사용하는 큰 기도용 숄을 곁에 두른다. 그 다음에는 성경에서 발췌한 성구들을 담은 작은 상자(tefilin)를 들어올려 상자에 달린 가죽 끈으로 자신의 몸에 묶음으로써 "너는 또 그것을 네 손목에 매어 기호를 삼으며 네 미간에 붙여 표를 삼으라"는 성경의 명령을 문자적으로 지킨다. 두 상자 중 하나를 심장 옆부분의 왼쪽 팔에 묶는데, 이것은 하나님의 뜻을 이루려는 손과 마음의 헌신을 상징적으로 나타낸다. 또 한 상자는 눈 바로 위 이마에 붙여서 자신의 지식도 헌신한다는 것을 나타낸다. 마지막으로 가죽끈을 왼손에 묶는데, 이 때 하나님의 성호를 연상케 하는 신비스런 매듭을 사용한다. 모든 행위마다 정해진 기도를 암송한다. 거기에 덧붙여 손가락을 꼬는 마지막 동작으로 호세아의 서약문을 사용하여 하나님께 서원을 드린다.

내가 네게 장가들어 영원히 살되
의와 공변됨과 은총과 긍휼히 여김으로 네게 장가들며
진실함으로 네게 장가들리니 네가 여호와를 알리라.

이렇게 자신을 하나님께 매고 하나님께 헌신함으로써 오전 기도식 준비를 마친다. 오전 기도식은 시편 암송, 개인적인 신원, 공동체의 신앙과 이스라엘의 이상을 확인하는 기도들, 그리고 종교적인 학문 연구 목적으로 포함시킨 성경 발췌문과 랍비 문학을 읽는 것으로 이루어진다.

유대교 전승은 이 예배식이 사적으로 행해지는 것을 허용하기는 하나, 회당에서 회중과 함께 이루어지기를 더 권장한다. 어디서 행해지든 짧게 끝나지는 않는다. 전통적인 기도서의 한 유명한 판본에 적힌 내용에 따르면 분량이 90쪽에 이르고 마치는 데는 한 시간 이상이 걸린다고 한다.

식이 끝나고 성구 상자를 벗으면 음식을 들게 된다. 하지만 아침식사와 모든 다른 식사까지도 의식과 관습의 의무는 계속 부여된다. 손을 씻은 후에 빵을 나누기 전 짤막한 기도를 드린다. 조금 더 긴 감사기도는 식사 후에 드린다. 그 후에도 지켜야 할 일들이 계속 따라온다. 두 번 더 —한 번은 오후에, 한 번은 해질 무렵— 유대인들은 정규 예배에 참석한다. 그 사이에도 하나님 이름을 자주 불러야 하는데, 이것은 생의 매순간에 기도를 드리도록 규정되어 있기 때문이다. 간식을 할 때나 옷을 갈아입을 때, 제철 과일을 맛볼 때, 번개 빛을 보았을 때, 천둥소리를 들을 때, 바다나 무지개를 보았을 때, 봄에 가지에 싹이 돋는 것을 보았을 때, 토라나 세속 학문에 정통한 사람을 만났을 때, 좋은 소식을 듣거나 혹은 나쁜 소식을 접했을 때 —거의 생각할 수 있는 모든 경우에 그 상황에 적합한 짤막한 기도를 드린다. 그 뿐 아니고 매일 일정 시간을 개인으로든 그룹 단위로든 유대교 전승을 연구하는 데에 할애해야 한다.

밤에는 잠자리에 들면서 잠을 주시는 것을 감사하고 자신의 신앙을 확인하며 하나님의 돌보심에 자신을 의탁하는 기도를 드린다. 하나님을 명확히 의식하며 하루를 시작했듯이 똑같이 하루를 마친다.

그렇다면 일과 휴식을 위한 시간이 과연 남아있을지 궁금할 것이다. 물론 종교적인 의식을 전혀 행하지 않거나 적게 행하는 사람보다는 이용할 수 있는 시간이 적은 것이 사실이다. 하지만 예상보다는 넉넉하다. 위에서 설명한 의식들은 대부분 연관된 행동과 동시에 이루어지므로 사실상 전혀 시간이 걸리지 않는다. 그 외의 다른 의식들은 짧은 시간이 요구될 뿐이다. 휴식에 관해서 전승은 단호하다. 인간 생활의 최고 목적은 무엇인가? 바로 하나님 그분과 선한 삶이 아닌가? 그렇다면 그것을 위한 훈련에 시간을 쓰는 것보다 더 잘 사용할 수 있겠는가?

6. "이것들은 너희가 먹을지니……"

생활의 많은 부분을 규제하는 유대교 전승은 식생활도 감독한다. 토라의 법령과 랍비들의 법규에 따르는 독실한 유대인이라면 다음은 먹을 수 없다.

- 말이나 돼지 같이 말굽이 갈라진 것이나 반추하지 않는 동물의 고기
- 허용된 동물들의 뒷다리 부분
- 비늘이나 지느러미가 없는 생선
- 불결한 맹금(猛禽)류
- 기어다니는 모든 것, 메뚜기과를 제외한 모든 곤충

그 뿐 아니라, 허용되는 짐승이나 가금류의 경우에도 허가를 받은 사람이 정해진 방식대로 도살해야 하고 심한 질병—특히 폐병—에 걸린 흔적이 없어야 한다. 피는 다 빼내야 하는데 도살할

때와 요리하기 전에 짜서 소금에 절일 때 두 번 빼낸다.

그 외에 고기와 가공품은 우유나 유제품을 곁들여 먹어서는 안 되고 특정한 용도로 쓰이는 어떤 주방 기구나 접시도 다른 것과 섞이면 안 된다는 규정이 있으며, 고기와 우유를 먹는 사이에는 정해진 만큼의 시간이 흘러야 한다.

의식법의 기준으로 먹도록 허용된 것을 'kosher'라 하는데 그 의미는 문자적으로 '적합하다'는 뜻이다. 금지된 것은 'terefah'라 부르는데, 이 말은 원래 살아 있는 것이 짐승이나 맹금의 먹이로 놓여져서 음식으로는 부적합하다는 의미를 가지고 있었지만 점차로 허용되지 않는 음식을 총칭하는 말이 되었다.

이러한 유대 의식법을 떠받치고 있는 이론이 무엇인지는 좀 뒤에서 개괄적으로 살펴보겠다. 어쨌든 유대 식생활 규정법은 눈에 잘 띄고 특이하니—어떤 사람은 기괴하다고 할 것이다—좀더 자세히 살펴볼 필요가 있는 듯이 보인다.

유대 정통주의자에게 이 관습은 전체 가운데 일부일 뿐이고, 관습은 전체로 '유대교는 하나님의 영감을 받았다'는 유서 깊은 하나의 전제 위에 형성되었다. 이 전제가 받아들여진다면 식생활에 대한 규율에 그리 까다로운 것이 되지 않는데, 하나님께서 그렇게 정하셨다는 사실로 간단히 변명할 수 있기 때문이다. 이것 이상 다른 설명은 요구되지도 않고 정통주의자 역시 어떤 설명도 거부한다.

그러나 계시된 교리에 굳게 서 있는 정통주의자들도 대부분 그 이유에 대해서는 언제든지 깊이 생각하려는 태도를 보인다. 식생활 규율에 대해 그들은 다음과 같이 말한다.

1. 위생적인 문제와 밀접한 관련이 있다. 도살당한 동물의 건강, 특히 폐에 결핵의 징후가 있는지 꼼꼼히 살펴야 한다는 규율을 보면 알 수 있다. 이와 동일한 이유에서 돼지고기나 갑각류를 먹지 못하도록 금한다. 돼지는 모뇨증을 옮길 수 있는 불결한 동물이며 갑각류는 매우 쉽게 상하고 일단 상하면 치명적이다.

2. 좀더 나아가 살펴보면 인도주의와 닿아 있다. 그렇기 때문에 특별히 허가를 얻은 도살자를 정하고 있는 것이다. 그는 독실하고 교양 있는 사람이어야 하는데, 그래야만 그 일에 좀더 자비를 나타내고 잔인함에 덜 물들 수 있기 때문이다. 도살과 관련된 유대교 진승을 좀더 면밀히 살펴보면, 사용되는 칼날은 예리하고 톱니가 없는 것을 사용하여 최대한 고통을 줄이도록 되어 있는 것을 볼 수 있다.

3. 고대의 우상숭배에 대항한 유대교의 분투의 흔적을 발견할 수 있다. 식생활 규율법의 몇몇 금지조항은 이교의 의식과 관련된 것임을 알 수 있고, 그 필요가 사라졌을 때에도 이미 관습으로 굳어지게 되었다.

4. 영적 훈련의 가치를 가진다. 이것을 실행하면서 유대인들은 도덕적 판단에 대한 교훈, 즉 자신에게 '안 된다'고 말하는 것을 배운다. 이를 통해 더 크고 어려운 자기 부인을 할 수 있

는 힘을 얻는다.

5. 이 규율은 유대인들이 자신의 정체성을 상기하고 비(非)유대 사회에 의한 잠식을 막는 큰 가치를 지니고 있다. 유대교는 다른 소수 종교와 마찬가지로 망각의 세계로 빨려들어 갈 위험에 끊임없이 직면한다. 이런 위험을 막아주는 공동체의 관습 위에서만 높은 수준의 가치를 유지할 수 있다.

바로 이런 이유에서 정통주의자들은 관습 체계를 정당화하는데, 실은 그들의 눈에는 이미 계시를 통해 드러난 하나님의 뜻에 의해 충분히 정당화된 것으로 비춰진다.

현대주의자들은 식생활 규율법에 대해 전적으로 반대하고 준수하지 않는 입장에서부터 동의하고 철저히 고수하는 입장까지 폭넓은 태도를 취한다.

어떤 이들은 식생활 규율법은 더 이상 유대교의 고유한 특징이 아니라고 주장한다. 그들은 축자적 영감설을 거부하므로 정통주의자들의 대전제에 반대하고, 따라서 이 규율의 근원을 하나님의 전지(全知)하심에 두지 않고 고대인들의 관습에서 찾는다. 또한 위생적 문제, 박애주의, 혹은 기타의 목적에 대해서도 부정적이다. 과거에는 충분히 효용가치가 있었으나 시대가 변했으므로 그 가치는 거의 소멸했다고 주장한다.

반면 대다수의 현대주의자들은 그리 급진적이지 않다. 그들은 이러한 규율을 옹호하는 근거를 물론 계시에 두지는 않는다. 그러나 이미 앞서 열거한 것들에 또 하나의 가치를 덧붙인다. 그들에게 식생활 규율법은 오랜 세월 전승된 이스라엘 민족의 행동 양식의 일부로 여겨진다. 이 규율들이 다소 독단적으로 보일지라도 그들은 이스라엘 민족의 충실한 일원으로서 마치 신사라면 손님이더라도 어떤 가문의 전통을 존중하는 것처럼, 또한 우리 모두가 전통 예의 범절을 따르는 것처럼 이 규율에 따르기를 애쓰는 것이다.

따라서 엄격한 유대인들도 식생활에 있어서는 실행과 불이행의 모든 가능한 단계를 다 보여준다. 거기엔 모순처럼 보이는 것도 많이 있다. 이를테면 매우 경건한 —하나님을 지속적으로 열망하며 의식한다는 의미에서 경건한— 유대인이 거리낌없이 햄을 먹는 일도 있고, 반면 신학은 조금도 인정하지 않는 그의 동료는 자기 민족의 유서 깊은 관습들을 존중하고 그것과의 동일성을 주장하는 의미에서 금지된 음식은 삼가는 경우도 있다.

7. 성일(聖日)

다음은 유대교 전승이 명시하는 축일(祝日)과 성일(聖日)이다.
— **안식일(Sabbath)**. 창조와 출애굽 기념일. 사람과 짐승, 자유인이나 노예 모두에게 안식을 주는 날이다. 이 날에는 노동을 완전히 쉬고 경쟁이나 걱정도 밀어두고, 고대 랍비의 표현을 인용하자면 장차 올 더 좋은 세상을 미리 맛본다. 인

류 보편적 필요인 해방과 안식을 위해 인류 역사상 최초로 제정된 정기적인 휴일로서 유대주의가 개인의 행복과 사회 유익에 기여한 최고의 업적으로 분류된다.

타종교는 안식일을 어떻게 지키는지 모르지만, 본래 유대교 안식일은 "엄격함" 은 조금도 없었다. 오히려 마음의 즐거움과 가벼움을 느끼는 날이다. 이 날, 회당에서는 찬송과 정교한 예배가 드려진다. 가정에서는 가장 화려한 좋은 옷을 입고, 해질 즈음이면 촛불에 불을 붙인다. 와인 잔을 앞에 두고 감사기도(Kiddush)를 드리는 것을 시작으로 축일 음식을 즐기며 노래를 부르기도 하고 간단한 오락을 하거나 대화를 나누고 혹은 약식 연구 활동도 하다가 마지막에는 와인의 향과 달콤한 향료와 촛불로 기쁜 성일이 다 지나갔음을 알리는 아름다운 의식(Havdalah)을 행한다.

유대교 안식일의 아름다움은 화려한 민속에 의해 더 부각되어 왔다. 예를 들면, 저무는 석양빛을 타고 아름답고 순결한 신부가 그의 신랑에게 내려오는 장면, 그 날 저녁 회당에서 집으로 돌아가는 가장들에게 두 명의 천사가 동행한다는 전설, 안식일 하루 동안 경건한 유대인은 여분으로 부가된 영성을 소유하게 된다는 생각, 혹은 풍부한 상상력을 가진 사람들이 신화를 만들어낼 수 있는 기묘하고 장엄하며 신비롭고 교훈적인 시적 능력과 같은 것들이 그것이다.

안식일은 그것을 지키는 유대인에게는 즐거움과 힘을 주는 그 이상의 것이다. 그것은 유대교과 유대 공동체에 원기를 회복해 주는 강장제의 역할을 했는데, 그 효능에 대해 유대교의 현대 철학자인 Ahad HaAm는 다음과 같은 경구를 남기기도 했다. "이스라엘이 안식일을 지켜온 것이 아니고 안식일이 이스라엘을 지켜왔다."

— **정월 초하루(Rosh Hashaah)**. 이름에서 알 수 있듯이 새해의 출발이다. 세상 창조 설화에 따른 기념일. 하나님의 주권을 재확인하고 영적 갱생을 추구하기 위해 유대교 전승이 이 날을 챙겨놓은 것은 당연해 보인다.

— **속죄일(Yom Kippur)**. 해질 무렵부터 다음날 해질 무렵까지 참회의 증표로서 어떤 음식이나 음료도 입에 대지 않으면서 기도와 고해로 삶을 살피고 악을 버릴 것을 맹세하며 갱생을 추구하고 하나님과 선으로 돌아올 길을 찾는 엄숙한 금식일이다.

— **장막일(Sukkoth)**. 9일 동안 계속된다. 첫 8일은 추수를 끝낸 것과 과거 이스라엘 민족이 사막에서 임시로 기거했던 것, 그리고 늘 하나님의 보호 그늘 아래 거했던 것을 기념한다. 9일째 토라의 날(Simbath Torah)은 일년 주기로 토라를 읽는 마지막이자 시작이다.

— **유월절(Pesah)**. 봄의 도래와 출애굽의 해방 두 가지를 기념한다. 또한 미래에 이스라엘과 전 인류가 맞이할 빛나는 구원의 약속을 담고 있다.

— **오순절(Shavuoth)**. 곡물 추수기와 첫 열매의 수확을 기념

하는 농경 축일이다. 또한 시내산에서 베푸신 계시를 기념하
는 역사적인 성일이기도 하다.

— **빛의 축일(Hanukkah).** 양심의 자유를 얻기 위해 싸웠던
마카베의 승리를 기념한다. 따라서 이 날은 인간 불굴의 정
신의 상징으로 여겨지기도 한다.

— **운명의 날(Purim).** 이스라엘 민족이 하만의 손에서 구원을
받은 날. 이 날을 기념하며 다른 시대에서도 외침을 극복할
능력에 대해 새로이 믿음을 고취한다.

— **아브월의 9일(Tish'a B'Ab).** 슬픈 금식일. 첫 번, 둘째 번
성전이 파괴된 것을 애도하며 보낸다.

— **그 외의 금식일과 축일들** 신월제, 타무즈의 17일, 열흘의 참
회기, 오메르의 33일…

따라서 한 해가 다음과 같이 여러 색채와 다양한 시구로 꾸며진
다. 무뎌진 영혼에 경고를 울리는 숫양의 뿔; 순결과 재생의 상징
인 흰 예복과 토라 두루마리; 월계수 가지와 시트론 열매; 매일
밤 밝게 빛나는 여덟 가지의 촛대; 박해자의 이름을 들리지 않게
하는 뿔피리; 엘리야를 위해 열리는 문; 구원자 메시야의 전조;
애가서의 비통한 낭송; 일곱 선지자의 위로의 말; 참회기를 시작
하는 등골이 오싹한 자정 예배……

이와 같이 이스라엘의 과거를 돌아보고 시간을 초월한 인간의
열망, 그리고 미래에 대한 소망을 반영하는 축일과 기념일로 일년
이 채워진다.

8. 삶의 주기

삶은 단조롭게 반복된다. 그러나 어떤 부분은 유일한 것이어서 일생 단 한번 일어나며 반복되지 않는 것도 있다.

유대교 전승은 전자 뿐 아니라 후자에 대해서도 규정하고 있는데, 강제할 것인지 아니면 자발적으로 할 것인지, 혹은 정해진 예식을 따를 것인지 아니면 융통성을 허용할 것인지에 대해 삶의 중요한 국면마다 조항을 두고 있다.

출생에 따른 예식:

— 남자 아기에게 행하는 할례식. 하나님과 이스라엘 사이의 언약이 아기의 살에 인 쳐지는 예식.

— 아기 이름을 짓되 남자 아기는 할례시에, 여자 아기는 회당에서 토라를 읽는 동안 낭송되는 기도문의 문구를 따라 짓는다.

— 장자 속전. 하나님께서 아이를 위탁하신 것임을 부모가 깨닫고 고백한다.

아이 생애의 전환점 시기의 예식:

— 종교 교육의 시작

— 소년을 위한 예식(Bar Mitzvah). 사춘기에 접어들 때 유

대교 전승의 의무를 받음

— 그와 비슷한 견신례(Bas Mitzvah). 소녀들을 위한 예식.
지난 세기에 현대주의자들의 회당에서 처음 제정된 예배식.

결혼과 관련된 예식:

— 엄숙한 서약 예식

— 결혼 전 안식일에 회당에서 신랑을 불러 토라를 읽도록 함

— 결혼 예식. 예식은 여러 상징이 사용되어 화려하게 꾸며진
다. 신랑과 신부가 그 밑에 나란히 서는 새 집의 차양; 그들
이 함께 마시는 와인 잔; 남자가 여자를 아내로 맞는 인사말
과 반지; 결혼의 복에 대한 감사로 하나님을 찬양하면서 목
사가 암송하는 일곱 기도; 기쁨 속의 슬픔, 곧 이스라엘 민
족의 몰락과 인류의 고통을 나타내는 부서진 와인 잔; 그리
고 신혼 부부 위에 행운을 비는 기원문(Mazal Tov)

— 새 가정의 헌신을 맹세하는 예식. 대문에 토라에 규정된
Mezuzah를 붙여서 그 안에 사는 사람들이 하나님의 뜻을
늘 기억하도록 한다.

죽음에 따른 애도의 예식:

— 죽음의 문턱에서의 고해와 하나님의 자비에 의탁하는 일. 이
어서 믿음을 이 세상에서 마지막으로 고백한다.

— 사별의 증표로 옷을 찢음

— 잠언에서 말한 대로 하나님의 등불인 영혼처럼 타오르는 기념 초에 불을 붙임

— 시신을 씻김

— 소박한 흰색 수의를 입히고 모두가 죽음 안에서 평등해 지도록 장식이 없는 값싼 관에 입관함.

— 장례와 화장 예식. 애도자가 하나님의 성호를 부르고 그의 뜻을 받아들이는 Kaddish를 낭송하기 시작하면 식이 대단원에 이름.

— 애도자가 일상에서 떠나 슬퍼하는 첫 주일. 그를 위로하는 사람들은 그 집을 예배의 장소로 삼음.

— 애도자가 Kaddish 기도를 드리는 11개월.

— 일년 후에 비석을 세움

— 매해 기념일(Yahrzeit). 죽은 자와 그가 죽은 날을 기억해 촛불을 밝히고 Kaddish를 낭송함

— 속죄일, 유월절, 오순절, 장막절에 드리는 예배(Yizkor). 산 자들이 모든 죽은 자를 회상한다.

유대교 전승은 이런 다양한 방식으로 유대인의 생애의 중요한 고비마다 그를 돌본다. 각각의 중요한 시점에 신앙과 이상을 더해 주고, 기쁘고 엄숙한 것이 구별된 적절한 시구로 그 순간들을 장식해 주며, 생애 전체를 유대교에 묶어줌으로써 고상함과 지속성을 부여한다.

9. 이유

　지금까지 여러 번 지적했듯이, 정통주의자들에게 유대교 관습의 최종적 근거는 계시에 있다. 토라에 세세하게 규정된 것이나 그 연원을 토라에서 찾을 수 있는 관습뿐 아니라 선택적이거나 단순히 관례까지도 그 근거를 계시에 둔다. 후자는 전자와 긴밀히 엮여 있고 궁극적으로는 후자가 전자에 의존하기 때문이다.

　이러한 가정 위에서는 다른 논쟁이 불필요하다. 따라서 토라가 규정한 무익한 의식들까지 변호해야 했던 고대의 랍비는 매우 간단 명료하게 답한다. "하나님께서 이렇게 말씀하신다. '내가 법을 반포하고 율령을 포고하노라. 그러므로 너희는 그로부터 벗어날 자유를 가지지 못할 것이다.'"

　유대 역사에는 '율법에 대한 근거를 찾아내려 애쓰는' 노력들에 대항하는 신학적 근본주의자들이 때때로 있어 왔다. 그들은 계시의 사실만으로 충분하며 인간의 어림짐작으로 보충할 것이 없다고 주장한다. 게다가 그들은 의식법을 인간이 고안한 이론에 바탕을 두는 것은 위험한 일이라고 강력히 주장한다. 그 이론이 잘 수립되지 않았거나 혹은 한 세대는 확신시킬 수 있으나 그 다음 세대는 설득하지 못했다고 가정해 보라. 그 결과는 의식법과 그것의 변호를 모두 내다 버리도록 촉구하는 것이 되지 않았겠는가?

　엄밀히 말하면 그런 근본주의자가 명백히 옳았다. 그러나 골수

정통주의자 사이에서조차 해명에 대한 요구는 멈추지 않았다.

왜 그럴까? 한편으로는 인간 정신은 만족을 모르고 끝없는 깨달음을 갈망하기 때문이다. 하나님께서 법을 내신 이유가 분명히 있을 것이라고 확신하는 것만으로 만족하지 못하고 그 근거가 무엇인지를 알기를 원한다. 어떤 규율들은 그 의도가 명확해서 분명한 추론을 끌어내는 데에 문제가 없다. 그러나 어떤 규율들은 불분명해서 자꾸 따져보게 되는 것이다.

동기가 무엇이든 간에 계시의 전제를 넘어서 유대교 의식법에 대한 변호는 과거부터 이어져 왔고 지금도 여전히 계속되고 있다. 이들 중 다음 몇 가지는 필연적인 결론이다.

1. 삶의 방식으로서의 유대교

단순한 교회 이상인 유대교는 신학이나 윤리를 넘어서는 중요성을 가진다. 삶을 이루는 완전한 방식인 것이다. 따라서 믿음이나 윤리, 혹은 유대인의 예배식만이 아니고 먹고 마시고 일하고 노는 모든 행위를 구성한다. 종교 의식은 유대교가 삶에서 건드리지 않는 부분이 하나도 없을 때까지 인간 존재의 구석과 틈새까지 그 정신을 옮겨오려는 목적을 위해 고안되었다.

2. 삶의 성화

유대교의 핵심 목표는 이미 위에서 살펴본 대로 삶의 성화이다. 유대교 전승은 매 순간 하나님을 의식하며 도덕적 열정으로 가득할 것을 요구한다. 이를 위해 삶의 매 순간 종교적이고 윤리적인 이상을 환기시켜 줄 법이 필요하다. 이런 점에서 유대교 의식법은 민수기 구절을 지속적으로 일깨워 주는 영적 갱신의 도구로 고안 되었다. "이 술은 너희로 보고 여호와의 모든 계명을 기억하여 준행하고 너희로 방종케 하는 자기의 마음과 눈의 욕심을 좇지 않 게 하기 위함이라."

3. 훈련으로서의 의식

식생활 규율법과 관련해서는 그것이 의지의 칼날을 가는 숫돌 역할을 하는 훈련용으로 쓰임을 기억해야 한다. 이 용도는 오래도 록 규율법 전 체계에 해당되어 왔다. 어떤 고대 랍비는 "율법의 주 된 목적은 인간의 본성을 정화하는 것"이라 하였다.

의식은 좀더 일반적인 의미에서 훈련용으로 간주되기도 한다.

종교는 다른 무엇과 마찬가지로 중요한 것으로 지켜져야 한다. 어떤 다른 문제와 마찬가지로 종교를 위해서 일정 시간을 할애해 서 규정된 의식들을 행해야 한다.

음악가는 순간적인 마음의 선호에 상관없이 예정된 계획대로 연습을 해 내야 된다. 경건한 영혼도 다를 바가 없다. 변덕을 부리 거나 우연을 바라서는 안 된다. 끝없이 일해야 한다. 또 다른 한편 으로 팔짱을 끼고 영혼이 자신을 움직여 하나님을 생각하는 데로 이끌어 주기를 기다리는 사람—이를테면 마음에 꼭 드는 분위기 라든지, 산꼭대기나 숲과 같은 완벽한 환경이 주어질 때까지 예배 를 미루는 사람—은 묵상이나 기도는 거의 하지 못할 것이다. 사 람이 대체 '자연의 대 예배당' 안에 있을 기회가 몇 번이나 되며 예배드릴 심정이 갖추어졌다고 몇 번이나 말할 수 있을까?

따라서 실제로 경건한 사람이란 정해진 시간에 규정된 조항에 따라 자신의 신앙을 부지런히 연마하는 사람이다.

4. 교육으로서의 의식

의식법은 지시의 형태를 띠고 있는 아주 효과적인 교육 방법이다. 무작위로 교육하지 않고 지속적으로 한다. 말보다는 행동으로 가르치는 건전한 방식을 따른다. 추상적인 개념을 다루기보다는 현실적인 표현을 다룬다. 회당 뿐 아니라 가정이나 시장에서도 효력을 발휘한다. 아이나 어른이나 식자나 배움 없는 사람 모두가 이해할 수 있다. 무엇보다 종교 교의를 주입하는 가장 좋은 도구임이 틀림없다.

5. 역사에 참여하는 행위로서의 의식

공동체에 붙어 있는 사람은 누구나 자신이 끊임없이 흘러가 버리는 과거가 되며 동시에 미래를 바라고 있다는 것을 알게 된다. 그 의식 속에는 이미 지나가 버렸거나 앞으로 올 인물과 사건들로 가득 찬 한 편의 소설이 있다. 개인은 자신이 속한 특정한 시대나 장소, 그리고 자신에게서 들려져 훨씬 넓은 관점과 경험의 세계로 들어가게 된다. 그의 고립된 섬 같은 운명은 인간이라는 본 육지와 연결된다.

그러나 만일 이 모든 것을 종교에서 끌어내고자 하는 사람이라면 가만히 앉아서 생각하고 느끼기만 해서는 안 된다. 그 관습을 행해야 한다.

상술하면, 유대인은 안식일을 준수하고 유월절을 기념하거나, 혹은 토라 두루마리 앞에 설 때 자기 동족과 그들의 믿음에 자신이 완전히 일치된다고 느낄 수 있다. 선조들이 실행했고 후대에는 그의 후손들이 또한 실행할 관습들을 머리와 가슴 뿐 아니라 그의 손으로 직접 행할 때 그럴 것이다.

6. 친교로서의 의식

같은 이치로, 사람간의 결속은 같은 행동을 할 때 가장 굳게 다져진다. 모든 유대인이 모든 곳에서 똑같은 의식—이를테면 유월절이나 속죄일—을 지키고 있을 때만큼 자신이 유대인임을 확실히 느낄 때는 없을 것이다. 게다가 특정한 신앙과 그 관습 안에 혼자만 떨어져 서 있는 것이 아니고 자신과 동질의 마음을 가진 이들의 수가 많고 자신이 그들과 현저한 공동체를 이루고 있다면 더욱 큰 확신이 생길 것이다.

7. 미학으로서의 의식

시와 음악이 언어에 대해 가지는 관계가 있듯이 의식과 행동의 관계도 그와 같다. 한없이 실용적인 존재 위로 의식은 한 줄기의 색조를 깔아주며 열정을 비춰준다. 촛불이 켜지고, 향료 상자에서 향기가 나고, 숫양의 뿔에서 소리가 나고, 기도문이 낭송된다. 과거가 되살아나고 아직 오지 않은 미래를 소망한다. 이런 것들은 사람에게 가장 달콤하고 소중한 기억을 제공해 주며 다른 방식으로는 모방될 수 없는 감정을 불러일으킨다. 요약하면, 의식은 잘 양성시키기만 하면 살아 있는 자들에게 아름다움을 빌려줄 예술 중 하나이다.

8. 살아남을 장치로서의 의식

어딜 가나 소수 공동체인 유대교는 다른 신앙과 문화에 의해 부식 당할 위험에 노출돼 있다. 계속적으로 사멸의 위협을 당할 때에 종교 의식은 껍데기로서 내부의 연한 살과 그것을 채우는 정신을 싸안아 보호한다.

위험은 방법에 있다. 그것이 감싸고 있는 가치는 고려하지 않고 과대 평가될 때 의식은 그 자체로 목적이 되어 버릴 수 있다. 혹은 움직일 수 없을 정도로 비대해져서 그것이 담고 있는 생명을 질식시킬 수도 있다.

이러한 질병에 대해 어떤 종교도 면역되어 있지 않은 무방비 상태이다. 고도로 발달된 의식을 갖추고 있는 유대교는 특히 이 질병에 걸리기 쉽다. 그러나 유대교 전승은 총괄적으로 그러한 위협에 대항해 싸워왔다. 지금까지 설명한 어떤 경우이든 위험하긴 마찬가지다. 보호하고 있는 갑옷을 벗으면 유대교가 오래 지속될 수 있을지 매우 의심스럽기 때문이다.

9. 의식 문제에 대한 현대주의자들의 다양한 생각

정통주의자들의 추신이 현대주의자들에게는 본문이다.

정통주의자들은 의식의 정당성의 근거를 계시에 두고 다른 논점으로 대체하지 않을 것이다. 반면 현대주의자들은 '다른 이유'만을 말하려 한다.

이러한 생각의 차이는 필연 행동의 차이를 가져온다. 정통주의자와 현대주의자는 그 관습이 차이가 많이 나며, 혹은 비슷할 때에라도 분위기와 목적에서는 차이가 난다. 이 두 집단 사이의 차이점 중 다음의 네 가지가 중요하다.

첫째, 정통주의자는 대대로 전승된 형태가 손상되어서는 안 된다고 주장한다. 그에게 의식이란 하나님의 뜻을 구현하는 것이므로 유대교 전승이 명백하게 허용하지 않은 것은 절충하거나 개혁하려 하지 않을 것이다.

한편 현대주의자는 반대쪽의 역할을 시험해 볼 것이다. 그는 유대교 관습법은 인간의 고안물이고 —하나님의 자극이 없었던 것은 아니지만— 여전히 인간에게 속했으므로 언제나 향상해 가야 할 어떤 것으로 본다.

그런 이유로 현대주의자는 정통주의자가 숙고하려하지 않는 문제를 계속 던진다. 과거에 그 특정한 의식이 실행된 이유는 무엇이었던가? 그것은 어떤 목적을 이루었는가? 오늘날에도 가치 있게 사용되는가? 혹시는 변형해서 쓰면 더 효과를 낼 수 있는가? 혹은 이제는 적실성과 효율성을 잃어 완전히 폐기되어야 하는가?

이러한 질문에 대해서 현대주의자가 자신의 이유와 경험에만 의존한다고 추정해서는 안 된다. 그가 비록 현대주의자이나 과거를 존중하고 자신이 그 일부이므로 그 역시 정통주의자이기도 하다. 모든 것이 올바르다면 그 편을 들어줄 용의도 있다. 결국 그는 유대교 전승 안에서 행동하려고 애쓰며, 혹시 그것을 넘어서더라도 적어도 그 주변에 머무르려 한다.

둘째, 정통주의자들은 통일되어 있으나 현대주의자들은 다양한 규율을 가진다.

정통주의자는 역사적으로 형성된 표준 규범을 따르나 현대주의자는 방향과 정도에서 갈라진다.

셋째, 같은 의식이 양편에 의해 똑같이 행해지더라도 그에 대한 감정과 느낌은 다양할 수밖에 없다.

정통주의자는 의식에 대해 정신의 철저함, 진지함—거의 근심에 가까울 정도의—을 고수하고 세밀한 부분까지 챙긴다. 하나님이 정하신 것은 가장 존중받을 필요가 있다고 느낀다.

현대주의자는 격식을 차리지 않고 딱딱함을 배제한다. 그에게 의식이란 관례일 뿐이고 목적에 대한 수단일 뿐이다. 존중하긴 하나 단지 양심적인 노동자가 자기의 소중한 연장을 아끼는 것 같은 의미일 뿐이다.

넷째, 현대주의자는 필요하면 옛 것을 바꿀 준비가 되어 있을 뿐 아니라 새 것을 열망한다. 그는 모든 시대마다 혁신되기를 바란다. 따라서 시간이 흐르면 공동의 축적이 더 풍성해질 것이라 믿는다.

정통주의자는 유대교 전승에서 무엇을 감하는 것 못지 않게 더하는 일에도 매우 신중하다. 이러한 불신의 태도에 대해 18세기의 설교자인 둡노의 야콥 크란츠는 통찰력이 있는 설교들을 잘 엮었다. 그는 다음과 같은 토라 구절("내가 너희에게 명하는 이 모든 말을 너희는 지켜 행하고 그것에 가감하지 말지니라")을 본문으로 삼으면서 토라가 어떤 논리로 율법에 무엇을 더하는 것을 반대하는지에 대해 묻고 있다. 만일 일 년에 속죄일을 한번 지키는 것이 영적으로 건강한 일이라면 왜 이틀을 지킬 책임을 요구받아야 하는가?

그 질문에 대해 설교자는 비유로 대답한다. 어떤 사람이 이웃의 은촛대를 빌렸다. 정확히 약속된 기한이 되자 그는 촛대를 돌려주면서 작은 촛대를 함께 주었다. 그 이유를 설명하기를, 그것은 원래 큰 촛대에 딸린 것이므로 함께 주어야 옳다 말하였다.

촛대 주인은 촛대가 새끼를 낳지 못함을 잘 알고 있었다. 그러나 그에게는 뜻밖의 횡재였으므로 이웃의 이야기에 토를 달지 않고 자신의 원 재산과 딸려서 증가된 재산을 받아들였다.

다음 주가 되자 이번에는 은 포크를 빌려갔고 다시 새끼가 딸려 왔다. 이런 식으로 주인은 점점 더 신이 나서 자신의 행운을 자축했다.

그러던 어느 날 이번엔 주인집에 있는 모든 은을 다 요구했다. 그러나 원래 물건도, 딸린 새끼 물건도, 아무것도 돌아오지 않았다. 빌려간 사람은 주인에게 은제품에 역병이 생겨서 촛대며 포크며 술잔이며 등등 모든 것이 죽었다고 엄숙하게 말했다. 만일 금속이 자식을 낳을 수 있었다면 틀림없이 죽을 수도 있는 일이었다.

둡노의 야콥은, 따라서 유대교 관습에 무엇을 더하는 것의 위험은 더하는 자체에 있지 않고 자유롭게 더하는 일에 익숙하던 사람은 결국 감하는 일도 쉽게 할 것이라는 점에 있다고 말한다.

변하지 않는 유대교와 진화하는 유대교 사이에서 이 의식에 관한 문제는 정통주의자와 현대주의자 사이의 근본적인 문제로 계속 등장할 것이다.

VIII. 법

1. 유대교의 법

유대교의 법을 말하는 것은 마치 '사울이 선지자 가운데 있었다'는 말처럼 어울리지 않는 것인가? 교의, 도덕률, 의식(儀式)과 더불어 법제(法制)의 역할은 무엇인가?

유대교 역시 법 체계를 가지고 있는데, 여기에는 비교적 쉽게 알 수 있을 만한 교회법뿐 아니라 민법과 형법도 포함된다.

무엇보다 유대교의 법은 거의 잊혀져서 한쪽 구석으로 밀려나 있는 세부적인 법 조항에 불과한 것이 아니다. 오히려 반대로, 넓게 전면에 부각된다. 그것은 유대교 전승(Tradition)의 위대한 본문들까지도 포함하는 폭넓은 문학의 주제이기도 하고, 중세 유대인들 가운데 가장 탁월하고 고매한 인격의 소유자들이 가장 관심을 가지던 것이기도 했으며, 오늘날까지 널리 연구되고 탐구되는 것이기도 하다.

이런 사실에도 불구하고 유대교의 법은 오래도록 순수 학문의 영역에서만 다루어져 왔다. 법의 거의 대부분은 팔레스타인 국경을 넘어 다른 곳에 적용된 일이 없다. 나머지 부분은 1900년 동안 존재하지도 않았던 예루살렘 성전을 다루거나 그것을 전제로 삼고 있다. 그 외 나머지 부분 -이를테면 형법 전문과 같은-은 유대인이 거주하는 지역의 법으로 대체되어 왔다. 사실 Mishmah의 판례에 따라 관례적으로 유대법을 나누는 Six Orders 중에서 두 부분만이 실용적인 중요성을 가진다. 종교 축일에 대한 법(Order Moed)과 가정 법(Domestic Relations), 그리고 이들에 대한 부분적 보충법이 그것이다.

법체계는 우선적으로 종교 안에 포함되어야 하는데, 극히 적은 부분 밖에 실행될 수 없는 상황에서 주 관심의 대상이 되어야 한다는 데에 큰 역설이 존재한다.

하지만 그 문제는 풀기에 어려운 것은 아니다.

유대교 안에 법이 존재하는 것은 첫째 토라 안에 존재하고 있다는 것에 근거를 가진다. 그 사실로 인해 유대교 전승 안에서 항구적인 요소로 남기에 충분한 것이다.

둘째로 법이 유대교의 일부가 되는 것은 유대인들은 단순히 한 종교적 공동체의 회원인 것을 넘어서서 역사성을 가지는 민족이기 때문이다. 천 오백 년 동안 그 민족은 그들 자체의 정치적, 윤리적 원칙을 따르며 자생적인 토양 위에서 삶을 영위해 왔다. 따라서 당연하게도 그 삶은 거대한 양의 법률적인 문서로 축적되었다.

심지어는 여러 나라로 흩어진 후에도 그들은 다소간 계속해서 자신들의 국법으로 스스로를 규제해 왔다. 중세를 거쳐 19세기에 이르기까지 유대인 공동체는 적어도 내부 문제는 자율적이었다. 유대교 전승 안에 3세기의 저명한 법학자인 마 사뮤엘(Mar Samuel)의 금언이 첨가되어 유대교의 근본과 다르지 않다면 그 지역의 민법도 구속력을 가질 수 있다는 결과를 내기도 했다. 그러나 유대인들은 일반적으로 분쟁의 해결을 위해서 자신들의 법정을 더 선호했다. 그것은 백년 전만 해도 유대교의 법은 사회적으로 기능하고 있었음을 의미한다.

법이 유대교 전승에 존속되는 셋째 이유는 많은 유대인들이 각 세대에서 여러 정신적인 활동을 하며 즐거움을 발견했던 것처럼 법을 연구하는 것 역시 즐거운 일이 될 수 있기 때문이다. 이 목적을 위해서라면 그 주제가 실용성을 갖느냐 갖지 않느냐 하는 것은 문제가 되지 않을 것이다. 법 연구는 여전히 인간의 호기심을 자극하며 이해와 정복의 세계로 가고 싶다는 열망을 끌어낼 수 있다. 순수 학문으로서 실제적인 이익보다는 지적인 즐거움을 위한 지적 추구의 활동이 될 수 있는 것이다. 유대법 연구에는 언제나 이런 요소가 있어왔는데, 중세를 거쳐오는 동안 세상은 유대인들에게 그 외에는 다른 데에 힘을 쏟을 출구를 허락하지 않았기 때문에 이 욕구는 더욱 강렬한 것이 되었다.

마지막으로 법이 유대교의 요소가 되는 것은 유대인들이 도덕률에 경도되어 있고 이상론이 현실화되어야 할 필요가 있다고 역사적으로 주장되어 온 것이 있기 때문이다. 만일 그것이 개인적인 것이라면 습관이나 원칙으로 나타나야 할 것이고, 사회적인 것이라면 제도나 관습이나 법으로 나타나야 할 것이다. 그렇게 되지 않으면 설득력이 약해지고 내용이 증발해 버려서 결국에는 빈 그릇만 남게 될 것이다.

이러한 사실들에 힘입어 유대교 전승은 여러 사회적 가치들이 적용되지 못한 채로 사장되지 못하게 하였다. 지속적으로, 또한 열정적으로 사회의 진행을 이끌어 가는 법으로서 유용성을 가지기 위해 애써 온 것이다.

바로 이것이 유대교에 법이 존재하는 결정적인 이유이다. 즉, 유대교가 지금과 같은 모습을 띠게 된 것은 바로 거대한 사회적 이상주의가 종교를 자극해서 그것을 현실화시켜야 했기 때문이다.

2. 실제 적용된 이상주의

초기 유대교의 이상주의를 형성하고 있는 토라는 첫 번째 목표를 내포하고 있는 것이 특징이다.

인간은 하나님의 형상을 따라 창조되었는가? 그렇다면, 임의로 예를 들자면, 나그네는 푸대접받아서는 안 되고 피고용인의 품삯은 제때에 주어야 하며, 노예 소녀는 주인의 노리개가 되는 데에서 보호받아야 하고, 그 누구도 다른 사람의 범죄의 대가를 대신 받아서는 안 되며, 채권자는 채무자의 집에 빚 갚기를 요구하며 함부로 들어갈 수 없고 노예를 죽이는 것은 자유인을 죽이는 것과 같은 살인이며 고용관계에 있던 계약이 만료되면 피고용인에게 여러 가지로 보상이 이루어져야 할 것이다.

인간은 하나님 앞에서 동등한가? 그렇다면, 이스라엘인이 자기 집 대문에서 나그네를 대하는 일과 관련된 법이 필요할 것이고 부자를 대해 경의를 표하거나 가난한 자에 대해 동정을 할 때에 정의가 왜곡되어서는 안 될 것이다.

인간은 상호 우애에 빚지고 있는 한 형제인가? 그렇다면, 십일조는 곤궁한 자를 위해 필요하고 가난한 자는 합법적으로 농경지의 한쪽 구석을 요구할 수 있으며 추수 때에는 이삭을 줍는 것이 용인되어야 한다. 따라서 누구나 경작지에 들어와 먹을 수 있고 단지 무엇을 가져가지 않기만 하면 된다. 또한 고리를 취하는 것이 금해지며 맷돌이나 외투를 담보로 취하는 것도 금지되어야 한다.

세상에 있는 모든 물건들이 하나님께서 인류에게 나누어주신 위탁물인가? 그렇다면, 매 7년마다 빚이 탕감되어 그 누구도 빚의 굴레에 평생 매이도록 하지 않아야 할 것이며 피고용인의 분명한 요구 없이는 6년 이상 계약 밑에 두지 못하며 토지도 매 50년마다 본 주인의 후손들에게 돌려져서 곤궁한 자라도 소유권이 없던 토지에서 다시 일할 수 있도록 해야 할 것이다.

이러한 성경적 높은 이상주의가 적용된 예들이 후(後)성경시대 유대교로 넘어왔다. Mishmah와 탈무드는 예언서들 못지 않게 공의와 자비를 실현하는 데에 열정적이고 단호하다. 실제로 랍비들은 성경이 남기고 떠난 자리를 대신하여 인도주의와 자유주의를 표방하는 법안을 채택해 왔다.

인류 역사에서 최초로 그들은 사형 제도에 대해 문제를 제기하였고 실제로 그들의 법정에서 그것을 폐지하였다.

인간을 보호하고 노예의 권리를 지켰다. 사실 히브리 노예 제도를 거의 철폐한 것이나 다름없다.

파업의 권리를 보장했다.

사용주와 노동자 사이의 노동 분쟁에서는 노동자 편을 드는 추정 제도를 확립했다.

보편 의무 교육 제도를 제정했다.

그들은 동양인이었으나 여성들의 권익을 힘써 보호했고 그들의 지위를 향상시켰다.

인류 역사에서 최초로 조직적인 자선 사업을 행했다.

하지만 오늘날의 결정적인 이슈는 무엇인가?

유대교는 이 문제들에서는 어떤 입장인가? 충돌하는 이데올로기들 중 어떤 것을 주장하며, 어떤 구체적인 사회 개혁을 외치는가?

이러한 질문에 대해서는 구체적인 답변이 불가능하다. 유대교 전승의 주된 지도자였던 예언자들과 랍비들은 이제 민주주의, 전체주의, 자본주의, 사회주의, 공산주의와 같은 이데올로기가 전면에 등장했고 사회적 딜레마가 존재하는 우리 시대와는 다른 때에 살았으며 적어도 현재의 형태로는 그런 것을 겪지 않았다.

그러나 유대교 전승은 기본 사회상이 매우 명확하므로 현대의 문제에 대해서도 연역적으로 답을 끌어낼 수 있을 것이다. 이 연역들은 다른 추론과 마찬가지로 위험요소를 포함한다. 게다가 구체적인 결론이 아닌 일반론의 형태를 취할 것이다.

하지만 아무리 위험요소가 크고 원칙이 추상적이라 하더라도 사회적 적실성이 결여되지는 않을 것이다. 오히려 반대로, 상당히 압축된 견해가 수월하고도 명확하게 추출될 것이다. 이것은 이미 최근의 다양한 랍비 모임의 성명 발표로도 입증된 바 있다. 이들 단체는 갖가지 신학적, 의식(儀式)적 차이로 인해 분열되었지만 각각의 단체가 상당히 구체적인 사회 정책을 내놓는 것을 볼 수 있고 모든 정책이 중요한 점에서는 일치하는 것을 볼 때 유대교 전승이 여전히 유대교의 사회 사상에 통일성과 특수성을 부여하고 있음을 명확히 알 수 있다.

과거와 현대 랍비들의 활동 흔적에 대해서는 유대교가 오늘날 다음과 같은 점을 말하고 있다.

— 최상의 정치적 경제적 사회적 자유를 모든 개인과 단체에 부여하며, 거기에는 최대의 시민적 자유와 노동조합주의, 평등과 같은 것들이 포함된다.

— 사회적 소유권의 개념을 포함하고 있는지, 만일 그렇다면 이것이 어느 정도로 현대의 유대교 해석가들 사이에서 논쟁되고 있는지에 상관없이 재물의 사회적 사용을 지지한다.

— 경쟁보다는 협동을 근본 원칙으로 하는 사회를 지지한다.

— 민족 국가의 절대적인 통치권은 유대교 전승의 관점에서 보면 항상 주류가 아니었으므로 그것과 동일하게 세계 정부에 의해 보장된 국제 평화를 지지한다.

이 모든 것을 통용되는 말로 바꾸면 어떻게 될까?

매우 분명하게, 정치적 민주주의, 경제적 민주주의를 지향하는 자본주의의 변형, 그리고 세계 정부의 형태가 될 것이다.

3. 두 가지 관점

유대교 법은 전통주의자에게는 모든 권위와 특권의 자리를 차지하며 유대교의 나머지 부분들과 같은 가치를 가진다. 그것은 현재 상황이 허락하는 한도 내에서 실행되고 미래에 이스라엘이 옛 땅으로 돌아와 충분히 효력을 발휘할 수 있을 이상 시대를 바라보며 어느 시대에나 연구되어야 할 것이다.

현대주의자는 유대법에 관하여 두 가지 견해로 나뉜다. 전통주의자의 견해에 가까운 우파와 그로부터 멀리 떨어져 나온 좌파가 있다.

좀더 보수적인 사람들은 유대교의 법 중 적실성 있는 조항은 계속 실행되기를 바란다. 예를 들어 가정사를 규제하는 법이나 의식 준수와 형태를 규제하는 법이 그런 것이다. 더 나아가 시온주의자들은 팔레스타인에 수립되고 있는 국가에서 유대교 법의 유산이 새로이 활력을 얻기를 바랄 만도 하다.

근본주의자들은 법이 과거에는 일정 가치가 있었으나 더 이상 유대교에 속한 것이 아니며 현대인이 종교를 이해하는 것에 따르면 어떤 종교든 법은 종교에 속하지 않는다고 주장한다. 사법적 과정을 통해 인간사를 규제하는 것은 국가에 속한 일이고 교회나 유대인회에 속한 것이 아니다. 인간에게 이상을 불어넣는 것은 다양한 단체들이 할 일이고 그것을 현실화하는 것은 정치력을 가진 집단의 일이다.

하지만 현대주의자들 가운데 가장 왼쪽에 위치한 사람들도 유대교의 법을 실행하기는 원치 않을지라도 그것을 연구할 가치가 있다는 데에는 가장 열렬한 전통주의자들과 일치한다.

이 사실은 유대교의 사회적 도덕률의 정체를 드러내는 가장 확실한 열쇠가 되는데, 종교는 사람과 마찬가지로 무엇을 가장 애써 추구하는가 하는 데에서 그 성격을 드러내기 때문이다. 또한 이 사실은 이상이란 실현될 때에만 실체를 가진다는 자주 잊혀지곤 하는 명제를 상기시켜 준다.

IX. 제도

1. 회당(Synagogue)

유대인들이 종교 행사를 위해 어떤 장소를 떼어놓거나 유대교 전승(Tradition)의 근본이자 상징인 토라 두루마리를 담고 있는 방주를 어디에 짓든지 간에 유대인 회당이 있다. 그러나 그곳을 신성하게 하기 위해 헌정식이나 종교예식을 하도록 정해진 것은 없다. 유대교 전승은 회당이 깨끗하게 유지되고 아름다워야 한다고만 말한다. 하지만 많은 회당들은 아무것도 없는 소박한 공간일 뿐이고, 그렇다고 해서 조금도 성스러움이 손상을 입지 않는다. 그것은 하나님께서는 편재하시므로 어디에서나 만날 수 있다는 하나님께 관한 유대교의 가르침 때문이다.

회당은 세 가지 구실을 한다.

—'기도하는 집', 공중 예배가 행해지는 성소로 사용된다. 또한 개인적인 묵상과 기도를 통한 갱생을 구하는 장소로도 사용된다.

—'학문의 전당', 유대교의 학교로 사용된다. 여기서 유대교의

가르침을 어른과 아이에게 함께 베푼다. 혹은 학교가 아니라
면 학교의 모체나 지주 역할을 한다.
— '사귐을 위한 집'으로 사용된다. 유대인들은 회당에서 다른
유대인을 만나며 동질의 정신을 가진 이들과의 교제를 통해
신앙에 활력을 얻는다.

회당은 장소일 뿐 아니라 그리로 찾아가는 사람들, 곧 회중을
말하기도 한다.

유대인들은 어떤 형식으로든 회중을 조직할 수 있다. 상식을 따
라 그 모임을 필요이상으로 크게 해서는 안 된다. 또한 어떤 모임
이든 유대교 전승이 정하고 있듯이 공적인 예배를 위한 정족수인
10명의 남자(minyan)를 모을 능력이 있다는 확신이 있을 때에
만 일을 시작할 수 있다. 이 조건을 제외하고는 회중을 조직하는
데에 다른 규제는 두지 않는다.

각 집회는 자율적으로 이루어지는데 랍비나 다른 직분자를 선
택할 자유나 크고 작은 정책들을 결정할 자유가 주어진다. 그것
역시 전승에 따르지만 그 전승을 어떻게 해석하며 어느 정도 따라
야 할 것인지는 자체적으로 결정하기도 한다. 개별적인 집회가 따
라야 할 제도적 권위는 없다. 각각의 회중은 서로 특정한 목적 하
에 세워진 조직(ad hoc), 관점과 정책에 있어서 동질성을 기반으
로 하는 영구적인 연합체 안에서 서로 협조하며 활동한다. 그러나
이 모두는 자발적인 조직이고 각각의 구성원들에게 추천을 할 수

는 있으나 똑같이 따라가도록 규제하는 힘은 조금도 가지고 있지 않다.

하지만 회중은 자발적 의사를 가지고 구성된 것이고 회원을 유지하거나 종료하거나 이전하는 일에 스스로 정할 권리를 부여하고 있으므로 유대인 종교 조직의 최종적인 권위는 개인과 개인의 양심에 있다.

현대 유대교가 개인과 회중에게 허용하는 자유는 오늘날처럼 항상 그렇게 많이 주어지지는 않았다. 11세기까지는 모든 유대인들 위에 종교적 권위를 가지는 직분이 늘 있었다. 최근 약 150년 전까지 유대인 지역 공동체는 민주적 기반 위에 있었으나 매우 촘촘하게 조직되었다. 매년 모든 유대인 가장들의 선거로 선출되는 감독 위원회는 공동 사회의 일들을 규제한다. 남아돌거나 분열을 조장하는 회중이 새로 조직되는 것을 금하기도 하고, 유내교 선승의 유지나 공공 복지에 위험스러운 개인이나 회중을 징계하기도 한다.

하지만 지역 위원회나 중앙 당국이 존재한다고 해서 언제나 물리적 강압을 행사할 수 있는 것은 아니다. 필요한 때에 도덕적 강압에만 의존할 수 있을 뿐이다. 견책하고 책망할 수 있고 배척할 수 있으며 중대한 사안에서는 파문까지 할 수 있는데, 끝까지 완강한 자는 공동체 활동을 금지시키거나 혹은 영구적으로 쫓아낼 수 있다.

그러나 유대인 회중의 정신이 그러했으므로 정치력을 결여하고 있어도 유대인 공동체는 높은 수준의 징계를 유지했다.

그와 같은 규제가 이루어졌지만 일반적으로 개인이나 회중은 상당한 자유를 누렸다. 설득력 있는 반대 의견이 없으면 원하는 대로 모임을 조직했고 각각이 선호하는 랍비를 따를 수 있었다.

과거의 이 정도 허용되던 자유가 오늘날에는 거의 무한대에 가까울 정도로 확대되었다. 중앙 통제가 완전히 사라졌으므로 국제? 국가? 지역의 다양한 회중들이 각각의 소견을 따라 많은 활동을 하고 있다.

자유는 다양함을 낳는다. 자유로운 실체로서 회중은 매우 폭넓은 관점을 소유하고 있고 다양한 의식을 행하고 있다. 세 종류의 다양함이 발견된다.

— **정통 유대인회**. 유대교 전승은 조금도 변형되지 않고 도전받지 않는 유일한 권위를 행사하되 신학?관습?예배식에 관련된 모든 일에 행사한다. 오늘날 과거 유대교의 모습을 구현하고 있다. 이 회는 여러 가지 특징으로 쉽게 구별할 수 있다. 역사적인 기도책을 고수하는 것, 예배식에서 히브리어만을 사용하는 것, 기악 음악을 사용하지 않는 것, 예배드릴 때 남자와 여자 회중석을 분리하는 것, 남자들은 모자를 쓰는 관행.

— **보수 유대인회**. 현대주의의 오른쪽 날개 역할을 맡고 있다. 유대교 전승 중에서 실행 가능한 것만을 지키려 하고 그 외의 것은 현대적 사상과 삶의 요구에 양보한다. 유대교 전승

은 한편으로 완화되고 수정되고 재해석되며 또 다른 편으로 그 수정은 신중하고 불가항력에는 최소한도로 양보한다. 따라서 예배는 정통 유대인회와 비슷한 점이 많으나 또한 현저하게 다른 점도 있다. 예를 들면 기도문은 전통적이다. 히브리어를 주로 사용하고 남자들은 모자를 쓴다. 그와는 대조적으로 어떤 예배식은 영어로 진행되며 기악반주가 도입되고 남자와 여자가 함께 앉기도 한다.

— **개혁 유대인회.** 좌파 현대주의를 표방한다. 유대교 전승의 무게는 거의 느껴지지 않으며 현대 사상과 환경의 영향이 지대하다. 그 결과 개혁 예배는 전통적인 형식과는 차이가 많다. 주로 영어를 사용하며 옛 의식 중 현대적 기질에 맞고 현대에도 의미 있다고 판단되는 것만 유지한다. 기도식에서 모자를 쓰는 것이나 남자와 여자가 나뉘어 앉는 것, 기악 음악 금지를 모두 폐지한다.

정통, 보수, 개혁 유대인회 사이의 차이는 부분적으로 기호의 다양함의 차이이고 더 나아가 유대인식 생활의 실용적인 문제들에 대한 판단의 차이이다. 그러나 그 이상인 면이 있다. 차이의 이면에는 유대교에 대한 충돌하는 이론들과 서로 부딪히는 신학적 교의가 있다. 그러나 차이점이 크고 중대하다 할지라도 차이의 정도와 중요성이 과장되어서는 안 될 것이다.

유대인회의 정세에 친숙한 유대인들은 특별히 종교적으로 유대인 사회를 나누는 분열의 중요성이나 그 양적인 면을 과대평가하는 경향이 있다.

정통 유대인회에 속한 이들은 뜨거운 논쟁의 열기 속에서 개혁회의 회원을 가리켜 유대인이라기보다는 퀘이커 교도에 가깝다고 할지도 모르겠다. 반대로, 개혁회의 유대인은 정통 예배에 대해 그리스 정교회의 예배처럼 이해할 수 없고 낯선 것이라 할지도 모른다.

혹은 그 어느 것도 그가 말하려는 것이 아닐 수도 있다. 객관적인 관찰자라면 개혁회 예배를 퀘이커교와, 혹은 정통회를 그리스 정교와 혼동하지 않을 것이고 그 둘 사이는 다른 어떤 비유대교파보다 훨씬 가깝다는 것을 어렵지 않게 발견할 수 있기 때문이다.

그뿐 아니라 모든 유대교의 교의와 예배, 종교 의식의 밑그림이 하나의 줄기에서 나온 것이라는 사실과 모든 것이 스스로를 의식적으로 조절하고 무의식적으로 하나의 동일한 전승에 의해 형성되었다는 사실에서 이것은 결코 부인할 수 없는 것이다.

2. 랍비

랍비는 유대교 전승을 가르치는 선생이다. 일반적으로 목회자, 설교자, 행정가, 공동체 지도자 등의 부가적인 역할이 맡겨지기도 하지만, 무엇보다 그들은 선생이고 이것이 그들 존재의 본질이다.

랍비가 선생이라는 것은 그들이 사제임을 부인하는 것이다. 다른 몇몇 종교와는 달리 유대교는 성직자에게 서임이나 소명에 의해서 부여된, 평신교도는 가질 수 없는 영적인 능력을 소유하고 있다고 말하지 않는다. 유대교는 강단에 선 사람이나 회중석에 앉은 사람 간에는 훈련을 받는다는 사실을 제외하고는 아무런 차이를 말하지 않는다. 유대교에는 성직자만 올바르게 행할 수 있는 의식도 없다. 지식이 있고 영적으로 건강한 사람이면 누구라도 예배를 인도할 수 있고 말할 내용과 그것을 들을 회중을 확보할 수 있는 사람이면 누구나 설교할 수 있다.

더구나 랍비들은 어떤 복음주의 교파가 그 말을 이해하듯이 '소명을 받은' 이들이 아니다. 랍비들은 영적 조명의 신비로운 경험을 해야 하거나 그 직분을 위해 섭리하심으로 선택받아야 한다는 요구를 받지 않는다. 물론 스스로 성결한 가운데 랍비직에 임할 것이 요구되는 것이 사실이다. 선한 사람이 되어야 하고 믿음과 원칙에 대해 진실해야 하며 유대교 전승과 하나님·이스라엘·그리고 전 인류에 대해서 열렬하게 헌신해야 한다. 하지만 유대교는 이런 자격들이 유대인들 모두에게서 발견되기를 원하고 랍비 직분에만 있는 것이 되지 않기를 희망한다. 결국 랍비는 동료 유대인들에 비해 좀 더 학식이 많고 함께 공유하고 있는 유대교 전승에 대해 좀 더 전문가의 자리에 있다는 것만 다를 뿐이다. 교육을 통해 랍비가 되어 직분에 임명되는 것은 학위와 같은 것이다.

상대적으로 최근에 이르기까지 랍비에게 요구되는 학식은 말할 것도 없이 히브리어, 성경, 탈무드 문학, 그리고 유대인의 사상과 관습을 규제하는 법 조문에 관한 것이었다. 이러한 분야들은 개인적인 연구나 예쉬바(Yeshivah)나 학원에 출석함으로써 연구해 갈 수 있다. 임명을 받으려면 저명한 랍비에게나 랍비회에 지원하여 그의 인품과 유대교 전승에 관한 지식을 검증받게 된다. 만일 통과하면 랍비라는 칭호를 받아 유대교의 교리를 해석하며 유대법의 관련 사항들을 재판할 수 있는 자격을 부여하는 증명서를 받게 된다. 랍비의 지위에 적합하게 된 후에는 어떤 회중이든 그를 초청할 수 있고 그것을 수락하는 것은 개인 자격으로 자유롭게 할 수 있다.

근대에 이르기까지 보편적이었고 지금도 정통회에서는 여전히 유효한 이 제도 하에서 많은 이들이 학위나 직위보다는 학문에 더 관심을 두고 임명의 자격을 갖추었으나 때론 지원하지 않기도 했다. 혹은 임명을 받았어도 평교인으로 남기를 더 원하여 랍비직에 나가지 않기도 했다. 심지어 회중이나 공동체에 봉사할 책임을 맡은 사람들까지도 종종 봉급을 거절하곤 했다. 고대와 중세를 거치면서 유대교 성직자와 선생들은 유대법에 의해 신령한 지식으로 육신적인 이익을 얻는 것은 정당하지 않다는 이유로 봉급 받기를 거절해 온 것이 틀림없다. 대신, 랍비들은 다른 사람처럼 농부나 장인, 상인으로서 자신의 생계를 유지했고 혹은 자비의 노동으로써 양떼를 돌보기도 했다. 중세 말이 되어서야 이러한 관행이 부적절한 것으로 여겨지기 시작했다.

정통회에 속한 랍비의 첫째 의무는 과거나 지금이나 학문과 사법적인 일이다. 설교는 거의 하지 않으며, 유대인회에서 이루어지는 설교는 대개 대중 설교학을 전공한 평신도의 몫으로 돌려졌다. 그는 곤궁한 처지에 있는 자들의 인도자가 되고 비탄에 눌린 자에게 목자가 되었으며 공동체 일에 으뜸가는 권위를 가진다. 그러나 그보다 더 우선되는 역할은 학문을 추구하는 일, 평신도 학생을 위해 학문적인 난제들을 해결하는 일, 유대인 사이의 분쟁을 판결하는 일, 그리고 의식(儀式)? 계율? 교의? 도덕률 등에서 발생하는 논쟁점들을 유대교 전승을 따라 풀어내는 일이다.

적어도 지난 천년 동안 랍비 개개인이 지적?영적 독립을 크게 맛보았다는 사실은 기억할 만하다. 한 때는 모든 랍비는 랍비회의 최고 권위기관인 산헤드린의 권위에 순복해야 했던 때도 있었다. 대략 5세기경 이 조직체가 와해되자 암묵적인 동의하에 위대한 바빌로니아 탈무드 두 학원의 학장과 이사들에게 권위가 부여되었다. 11세기에 이르면 이들 학원도 영향력을 끼치지 못하게 된다. 그 후에는 어떤 랍비도 더 우수한 학문적 성취에 대한 경의의 표현 이외에는 다른 랍비에게 복종할 의무를 가지지 않게 되었다. 적어도 이론상으로, 그리고 일반적인 관행으로는 랍비 각 개인은 유대교 전승과 각자의 양심에만 복종할 뿐 자유롭고 자율적인 존재가 된 것이다.

세월이 흐르면서 랍비회에 변화가 생겼다.

이제는 랍비의 자격이 유대교 학문에 능통한 것만으로는 충분치 않고 그 위에 폭넓은 세속 교육까지 요구된다.

랍비가 되기 위한 훈련 과정은 예전과 같이 비공식적인 것이 아니고 개별적인 서임은 정통회의 엄격주의자들 사이에서 행해지는 것을 제외하면 사라진 지 오래가 되었다. 이제는 신학교에서 교육과 임명을 주관한다.

그 뿐 아니라 랍비 직도 직분 수행을 통해 생계를 꾸려가는 전문 직종이 되었다.

랍비의 기능도 급격히 변화하였다. 정통회 내부에서도 설교와 종교 교육의 감독, 그리고 목회와 같은 활동이 학문적? 사법적 의무를 대체하여 제 일 순위의 책임이 되었다. 대부분의 경우에 회중을 돌보는 목회의 의무가 그 위에 더하여졌고 그 후로 유대인들은 게토에 국한하지 않고 시민 생활에 참여하게 되었으며 사회 지도자가 되기도 했다. 그러나 오늘날에도 랍비들은 중요한 세 가지 점에서 과거에 유지해 온 정체성을 드러내도록 요구된다.

— 그들은 유대교 전승과 자신의 영혼에만 정신적인 복종을 바치는 자유 행위자로 간주된다.

— 그들은 소명에 대해 도덕적으로 자격을 갖추어야 한다.

— 그들은 무엇보다 유대교 전승을 가르치는 선생이며, 또한 선생이어야 한다. 이러한 유서 깊은 특징이 현대의 삶과 요구에 의해 종종 망가지고 있다. 하지만 유대교가 자신에 대해 충실한다면 그것은 살아있는 이상오로 남을 것이다. 유대교가 지금과 같은 모습일진대, 지식 있는 사람들이 가르치지 않으면 랍비들이 과연 어떤 책임을 져야 하겠는가?

X. 내세

1. 삼중의 희망

"나 여호와가 말하노라, 너의 최후에 소망이 있을 것이라" 하고 선지자는 노래했다.

삼중의 희망은 그 언급 안에 있다.

먼저는 이미 유대 민족의 희망에 대해 기술한 것처럼, 영원한 해방과 옹호를 받는 것에 대한 희망이다.

또한 각 개인의 영혼에 대한 희망이다. 죽음에 삼킨 바 되지 않고 육체보다 더 오래 살아남아 어떤 형태로든 육체로는 불완전하던 것을 이룰 것을 믿는다.

다른 하나는 사회에 대한 희망이다. 마지막에는 더 공의로운 사회가 되어 제반 악이 정화되고 완전한 의를 영원히 소유하는 것이다.

이 세 가지가 합하여 하나의 힘있고 기쁜 확신을 이루는데, 그것은 개인과 이스라엘과 인류에게 지금까지보다 더 좋은 시대가 앞에 놓여있다는 것이다.

2. 인간의 운명

인간의 생애의 최종적인 결과에 대해 정통주의자들은 보상, 영생, 부활의 세 가지 교리를 주장한다.

보상

유대교는 사람이 '단지 급료 때문에 주인에게 충성하는 계약인'의 정신으로 하나님을 섬겨서는 안 된다고 가르친다.

또한 선을 행하지 않는 사람은 그 대가를 받아야 함을 말한다. 따라서 유대교 전승도 양심의 요구에 따라 선은 보상받고 악은 처벌받아야 함을 말하고 있다. 일반적으로 말하면 삶은 이미 이 요구를 만족시킨다. 정직하면 대개 그 결과로 안전함을 누리고 존경을 받는다. 자비를 베푸는 자는 그 결과를 받게 되어 있다.

그러나 불행하게도 이런 일반적 원칙에 대한 예외가 종종 발생하며 어떤 때는 그 정도가 심각한 경우도 있다. 악한들이 일평생 안락과 번영을 누리기도 하고 성도가 역경과 고난을 맛보며 살기도 한다.

그러나 하나님께서는 공의의 하나님이시다. 유대교 전승은 주장하기를, 만일 사람이 일생 동안 공평함을 맛보지 못했다면 내세에서 발견할 수 있을 것이라 한다. 내세 그곳에서는 구부러진 자는 곧게 되고 공과에 따라 대접받을 것이다.

영생

죽음은 삶의 끝이 아니며 끝이어서도 안 된다.

사람은 죽음을 자연주의적으로 초월하려 한다. 후손을 통해 생물학적으로 영생을 도모하려 하거나 기억을 보존시키는 방법을 생각하거나 인격적인 감화로 후대에 영향을 끼치려 하거나 정신의 영원함을 들어 관념적으로 영생을 누리려 한다.

유대교가 영생을 말할 때는 이 모든 것을 염두에 둔다. 하지만 가장 우선적인 의미는 육체와 분리하여 그 한계를 뛰어넘는 어떤 개념을 포함한다. 사람의 의식이나 도덕적 능력, 본질적인 인격, 곧 영혼이 그것이다.

이것이 죽음의 불가피함을 극복하고 죽음 후의 삶에서 보상받는 길이라고 전승은 주장한다.

내세의 모습에 관해서는, 공의가 보상받는다고 말해지는 천국? 하늘나라? 에덴과 같은 곳이나 불의가 처벌받는 지옥이나 스올? 힌놈과 같은 곳에 관해서든 아니면 다른 교리 조항에 관해서든 유대인들은 어느 때나 개인적인 해석을 해 왔다. 유대교의 다른 교리가 이 부분처럼 다양하게 해석되어 왔는지 의문이다.

천국과 지옥에 대해서는 어떤 실제적인 장소의 정확한 위치를 세밀하게 살피려는 시도가 잘못된 것이듯이 어떤 이들이 주장하는 것처럼 이것이 영혼의 상태를 의미하는 것은 아니다.

영생에 대한 개념은 영혼이 무한대로 흡수되는 것과 같은 매우 추상적인 개념에서부터 단지 후세에서 이승의 일들을 이어가는 것이라는 소박한 생각에 이르기까지 그 범위가 넓다.

사람의 불멸성은 개별적인 정체성과 의식의 연속이나 혹은 그 반대인 비인격적이고 의식이 없는 상태 두 가지로 해석되어 왔다.

영혼의 윤회와 환생에 대해서는 찬반이 갈려왔다.

유대교 전승은 그 범위를 넓게 허용해 왔다.

부활

그러나 사람이 천국 혹은 지옥으로 가도록 배정된 후에라도 그의 운명은 완결된 것이 아니다. 최종적인 정점에 있는 이야기가 하나 더 남아 있다.

미래의 어느 날 전(全) 역사를 걸쳐 죽음을 맛본 육체들이 무덤에서 일어나고 모든 영혼이 정해진 곳에서 소환되어 이 땅에서 존재할 동안 그 둘이 다시 재결합하게 될 것이다.

그 때에는 육체와 영혼이 결합된 모든 인간에게 모든 세대의 전 인류 앞에서 하나님께서 축복이나 저주를 선언하실 것이다.

다른 교리와 마찬가지로 부활에 대해서도 그 해석의 다양함이 허용된다. 부활한 자들의 육체는 변형될 것으로 추정되어 왔는데, 육체가 순수한 영적 상태로 변화한다. 이것은 완전히 물리적인 개념이다. 부활이 일어나는 기간이 어떤 이들은 영원할 것이라 하고 다른 이들은 영육이 다시 한 번 분리되어 각각이 영원한 상태로 돌아갈 때까지로 한정될 것이라 추측한다.

그러나 자유로운 개별적 해석을 허용하는 데에는 한계가 있다. 유대교 전승은 그것이 어떤 형태가 되었든 유대인이라면 보상과 영생, 그리고 부활에 대한 신앙을 굳게 잡아야 한다고 강조한다. 희미한 상징적 의미만 취해서는 안 된다. 적어도 그 교리들이 말하려는 바에 가까운 정도로 의미를 가져야 한다.

그 누구도 이 교리를 경시하고는 유대 정통주의자라고 할 수 없음을 전승은 주장한다.

유대교 현대주의자들은 이것은 약화시킨다

먼저 그들은 이 교리 조항들의 역사성에 대해서조차도 정통주의자들과 다른 견해를 취한다.

정통주의자들은 이 교리들이 시내 산에서 모든 유대인들이 확신하는 가운데에서 계시되었음을 당연한 사실로 여긴다. 그들은 이 교리가 초기의 가장 권위 있는 부분인 토라를 포함한 성경의 여러 부분에서 풍자를 통해 확증되었음을 발견한다.

그러나 현대주의자들은 이를 거부한다. 그들은 성경의 가장 오래된 책에서는 단지 내세에 관해서만 다룬다고 주장한다. 죽은 자의 영혼은 스올이라 불리는 어두운 지하 세계에 넘어지는데, 그곳에서 희미하게 부분적으로만 의식하며 사는 존재로 이어진다. 현대주의자들에 의하면 가장 위대한 선지자들의 신앙도 부활이나 영생에 대하여 무슨 낌새를 느끼지 못하는 정도로 이해되었다고 주장한다.

유일하게 둘째 성전 시기에 이 교리들이 등장했고, 이것은 유대교 안에 잠재해 있던 가능성이 정상적으로 표출되어 나왔거나 조

로아스터교의 부활과 최후의 심판에 대한 가르침에 자극을 받았
거나 혹은 헬레니즘의 고도로 발달된 불멸론에 대한 반응으로 이
해된다.

이러한 역사적으로 구성된 개념을 받아들이는 몇몇 현대주의자
들은 부활이나 영생은 유대교의 본질적인 부분이 아님을 주장한
다. 유대교는 이 교리들 없이도 수십 세기를 존재해 왔고, 앞으로
도 그럴 것이다.

대신, 대부분의 현대주의자들은 이 교리들이 현재에도 유효함
을 역사적 맥락에서가 아니라 합리성과 경험의 맥락에서 결정한
다.

이러한 기준에 의해 이 개념들을 평가하여 어떤 것은 빼고 어떤
것을 보존시킨다. 문자적 의미의 육체 부활 교리와 현실적 공간적
의미의 천국과 지옥, 그리고 영원한 저주에 관한 교리는 포기한
다.

인간 정신의 불멸성 교리에 대해서는 자연주의적인 의미에서
뿐 아니라 내세의 중요성이라는 점에서도 그대로 존속시킨다. 그
들은 영생의 상태가 어떠할 지에 대해 예측하는 것은 삼가나 어떤
형태로든 인격적 존재는 육체의 틀보다 오래 살아남을 것은 굳게
확신한다.

이와 비슷하게 보상에 대해서도 선을 행한 사람은 어떤 식으로
든 선으로 보답을 받고 악을 행하는 사람은 보복을 당할 것이라는
믿음을 굳게 잡고 있다.

그러나 영생에 대해서 그러했듯 보상에 대해서도 그에 따라오는 부수적인 구체적 상황에 대해서는 아무런 확증을 내리지 못한다. 아무도 하나님의 공의가 적용되는 구체적인 형태에 대해서는 공언하지 못한다.

현대주의자들에 이르러 복합적인 교리 체계가 실질을 잃게 되었음은 분명한 일이다. 그러나 부분적인 요소는 활발하고 힘있게 살아남았다. 유대교 현대주의자들도 그들의 선조들이나 정통주의자들과 더불어 사람이 죽을지라도 계속 살아남으며 전우주적인 공의의 저울추가 결국에는 균형을 이룰 것을 지속적으로 믿고 있다.

3. 하나님 나라

최상의 사회라 할지라도 사람에 대해서도 모자람이 있고 하나님을 나타내기에는 더욱 그러하다. 역사를 통틀어 하나님께서 그의 천부시고 창조주가 되시는 그러한 인간의 존엄을 지켜주는 단일한 정체나 경제 제도가 있었는가?

어떤 사회 질서 속에서 정의와 자비, 상호 협조의 원칙이 적절하게 지켜졌는가?

어떤 공동체가 말과 공언으로만 하지 않고 행동과 제도로써 선하신 하나님을 증명할 만큼 의로운가?

그러나 사람 안에 존재하는 신성(神性)의 불꽃은 영원히 사그

라들지 않을 것이다.

하나님의 법은 마침내 승리할 것이며 하나님의 본질이 전세계 모든 곳에 사회적으로 그 모습을 드러낼 것이다.

이 사실로부터 추론할 수 있는 것은, 현세의 질서는 결국 없어 질 것이며 인류 역사의 오래된 제악(諸惡)으로부터 자유로운 새 시대로 넘어갈 것이며 영혼의 가치와 조화를 이루어 도덕법에 순 응하며 만물의 계획 이면에 존재하시는 하나님을 정당하게 반영 할 것이다.

이러한 완전한 사람들이 이루는 완전한 사회를 가리켜 유대교 전승은 하나님 나라라 일컫는다.

하나님 나라는 미래에만 존재하는 것은 아니다. 그 윤곽은 이미 가까이에서 인식할 수 있다. 별과 행성, 온갖 식물과 새들이 그들 을 향한 하나님의 법을 순종하고 있지 않은가? 그것들은 이미 지 금 하나님의 충성스러운 백성이 아닌가? 사람 중에도 이와 동일한 마음을 품고 지속적은 아니나 산발적으로라도 하나님을 알고 섬 기기를 갈망하는 다수의 무리가 존재해 오지 않았는가? 이 악한 세상의 죄악이 관영한 속에서라도 따뜻하고 인자하며 옳고 자비 로운 것들이 행해지지 않았는가?

따라서 하나님 나라는 미래의 약속 이상의 것이다. 비록 희미해 지고 파괴되긴 했고 겉으로 명백히 드러나기보다는 잠재해 있지 만 언제나 존재하는 실재인 것이 또한 사실이다. 선을 보조하는 세상의 모든 것은 하나님 나라의 통치 아래 있는 것이다. 공의를 행하는 사람은 누구나 그 사실을 인식하든 그렇지 않든 하나님 나라 시민이다.

어느 부분이 되었든 유대교를 접촉하면 이 하나님 나라라는 개념을 만나게 될 것이며 중생한 사람들이 그 백성이 된 완전한 세상의 이상에 이를 것이다.

고대 랍비들의 축복은 대부분 이것을 뚜렷이 언급하고 있다.

공적 예배는 모두 이중 기도로 마치는데, 먼저는 신도들이 하나님 나라에 대한 충성을 드리는 것이고, 그 다음은 그 나라가 완전한 형태로 신속히 오기를 기도하는 것이다.

유대교의 고전적인 신앙 고백인 "오, 이스라엘아 들으라" 하는 기도를 랍비들은 '하나님 나라의 권위를 인정하는 것'으로 해석하였다.

하나님 나리는 유대력에서 가장 엄숙하고 고양된 의식인 신년 성일(聖日) 기도에서 가장 엄숙하고 고양된 구절이 다루는 주제이기도 하다.

하나님 나라에 대한 이러한 강조는 하나님 나라가 인간 정신의 가장 고귀한 소망을 내포하고 있음을 생각할 때 납득할 만하다. 더 나아가 그것의 도덕적인 중요성이나 그 속에 내포된 중대한 의미들을 생각하면 더욱 그러하다. 하나님 나라를 알게 되면 인간의 도덕적 삶은 새로이 건설되기 때문이다. 다른 모든 이상들 위에 이것은 최고의 자리를 차지하며 하나님 나라를 인식하고 전진시키며 전 세계 위와 인류의 눈 앞에 '밝게 빛날' 그 날을 촉진시키는 그 안에 내포된 이러한 의무들은 다른 것들 위에 가장 큰 책임을 요구한다.

선지자들이 처음으로 하나님 나라를 말할 때 그들은 동방의 고대 문명에서는 들어본 적도 없는 환상과 같은 것이었고 서방의 고대 문명의 이상은 스스로 도저히 획득할 수 없었던 것이었으므로 사람의 상상의 세계에는 근본적으로 생소한 개념이었다. 유대교의 영역을 넘어서 있는 고대인은 인류의 미래에 대해 아무런 소망을 품을 수 없었다. 그들은 이 세계가 과거의 다시는 회복할 수 없는 황금 시대로부터 지속적인 쇠락의 길을 달려가고 있다는 암울한 개념을 갖거나 혹은 기껏해야 영원이라고 여겨지던 것을 바랐을 뿐이다.

바로 그 때, 유대교는 하나님 나라에 대한 좋은 소식을 들고 거대한 혁명을 불러 일으켰는데, 그것은 마음을 열어 주고 앞을 향하게 하며 끝없이 전진하게 하여 총체적인 인간상을 변화시키는 것이었다.

그 혁명이 진정으로 위대한 이유는 시간이 지남에 따라 하나님 나라에 대한 소망이 유대교와 유대인 뿐 아니라 모든 교회와 신조에 흘러 들어가 결국 인류의 공동 재산이 되고 그것이 독실한 것이든 비종교적인 것이든 인간의 선한 의지를 갈망하게 만들었다는 점에 있다.

서구 문명 어디에 하나님 나라가 존재하지 않은 곳이 있었는가?

이러한 유대교 정신의 소산은 기독교계 전반에 걸쳐 발견할 수 있는데, 예를 들어 아우구스티누스의 『신의 도성』이나 헤겔의 『역사 철학』, 혹은 테니슨의 "하나의 아득히 먼 신성한 사건"에 대한 인유에서 찾아볼 수 있다.

또한 비록 근본적으로 변형되고 바뀌었다 하더라도 하나님 나라는 맑스와 같은 열정적인 세속주의자에게서도 발견할 수 있으며, 심지어는 보다 나은 세상 질서를 갈망하나 그 이상(理想)의 원천이 무엇인지 알지 못하는 무명의 수많은 무신론자들에게서도 발견할 수 있다.

하나님 나라가 확산된 넓이와 그 영향의 깊이를 감안할 때 하나님 나라라는 개념은 유대교의 하나님을 믿는 신앙과 도덕률 다음 가는, 인류에 대한 이스라엘의 가장 크고 귀중한 선물이라 말할 수 있다.

4. 메시야

감추어 있던 하나님 나라가 드러나도록 한 동인은 무엇인가? 그것을 실현한 이는 누구인가?

유대교 전승은 메시야라고 답한다.

그러면 메시야는 누구인가?

그는 하나님께 임명을 받고 이 세상을 악으로부터 정화하고 다시는 제거되지 못할 만큼 굳건한 기초 위에 선을 수립할 권세와 권위를 부여받은 사람이다. 그는 선지자가 다음과 같이 예언한 다윗의 자손이다.

이새의 줄기에서 한 싹이 나며
그 뿌리에서 한 가지가 나서 결실할 것이요,
여호와의 신 곧 지혜와 총명의 신이요
모략과 재능의 신이요
지식과 여호와를 경외하는 신이 그 위에 강림하시리니
그가 여호와를 경외함으로 즐거움을 삼을 것이며
그 눈에 보이는 대로 심판치 아니하며
귀에 들리는 대로 판단치 아니하며
공의로 빈핍한 자를 심판하며
정직으로 세상의 겸손한 자를 판단할 것이며
그 입의 막대기로 세상을 치며 입술의 기운으로 악인을 죽일 것이며
공의로 그 허리띠를 삼으며 성실로 몸의 띠를 삼으리라.
그 때에 이리가 어린 양과 함께 거하며
표범이 어린 염소와 함께 누우며 송아지와
어린 사자와 살찐 짐승이 함께 있어 어린 아이에게 끌리며
암소와 곰이 함께 먹으며
그것들의 새끼가 함께 엎드리며
사자가 소처럼 풀을 먹을 것이며
젖먹는 아이가 독사의 구멍에서 장난하며
젖뗀 어린 아이가 독사의 굴에 손을 넣을 것이라.
나의 거룩한 산 모든 곳에서
해됨도 없고 상함도 없을 것이니

이는 물이 바다를 덮음 같이
여호와를 아는 지식이 세상에 충만할 것임이니라.

유대교 전승은 이 세상의 구속은 획기적인 한 시점에 한 사람에 의해서 효력을 나타낸다고 말한다.

이러한 기본적인 신조에 대해 유대교 정신은 수많은 변형을 하나로 엮어왔다. 어떤 유대인들은 메시야를 초자연적인 초인으로 여기고 어떤 이들은 유난히 능력과 덕을 갖춘, 성공한 정치인으로 여긴다. 탈무드의 현인 중 한 명은 메시야는 이미 과거에 살았는데, 아마도 히스기야 왕의 모습으로 나타났다가 자신에게 부여된 전세계적인 회복을 이루는 일을 실패한 것으로 여기기도 한다. 중세의 저명한 스페인 랍비 중 하나인 모세 벤 나흐만(Moses ben Nachman)은 메시야 사상을 유대인 신조 조항 가운데 부차적인 것으로 분류하기도 했다.

유대교 전승은 메시야에 대해 심지어는 불신앙까지도 포함하여 매우 폭넓은 관점을 허용하는데, 그러나 정통주의자들의 주된 견해는 메시야 사상을 깊이 받아들이며 적어도 그의 주된 특징에 대해서는 상당히 동의를 표하는 수준까지 이른다.

메시야는 항상 인간으로 그려지는데, 초인적인 능력의 소유자로 인정하는 사람들조차 그러하다. 그는 결코 하나님으로 여겨지지 않는다. 동시에 그만이 이스라엘과 만국에 영원한 구속을 가져다 줄 수 있다고 확신한다.

그렇다면 인간의 구속을 위해 인간들에게 남겨진 책임은 무엇인가? 손에 잡히는 것, 이룰 수 있는 것은 무엇이든 그러하다. 그러나 노력을 함과 동시에 소망하고 기도하고 메시야를 기다려야 한다. 메시야의 도움을 받을 때에만 완전한 승리를 얻으며 평범한 인간에게는 너무나 거대한 과업인 인간의 갱생과 사회의 변화를 이룰 수 있을 것이다.

역설적으로 말하면, 현대주의자들은 메시야 시대는 믿으나 메시야의 인격은 믿지 않는데, 그가 가장 자연적인 방법으로 그려질 때에도 그러하다. 또한 인류가 하나님 나라를 현실화할 수 있는 능력을 소유하고 있음을 의심치 않는다. 보통을 넘어서는 도움을 필요로 하는 정통주의자들의 이 점에 대한 염려가 현대주의자들에게는 지나간 시대의 상황을 말하는 것으로 보인다. 사실 고대나 중세인들은 잘 이해하지도, 통제하지도 못하는 세상에 살았다. 매우 자연스럽게도 그들에게는 외부의 도움 없이는 자신이나 세상을 새롭게 할 수 있다는 생각은 결코 일어나지 않았다. 따라서 구원의 일에 자신보다 더 큰 힘을 가진 영웅적이고 초자연적인 존재로 눈을 돌렸다.

그러나 인간은 이제 힘이 강해졌다. 세상에 대한 지식의 증가와 통치력의 증대, 그리고 인간의 정신과 본질의 작용에 대한 통찰의 증가로 더 이상 이상을 실현하기에 무능한 존재가 아닌 것이다.

현대주의자들은 따라서 메시야는 한 인물이 아니라고 주장한다. 협력하여 일함으로써 하나님 나라를 이룰 수 있으므로 오히려 모든 선한 사람들이 메시야라고 말한다. 더욱이 하나님 나라는 한꺼번에 오지 않는다. '교훈 위에 교훈이 쌓이고, 한 조항 한 조항, 여기 조금, 저기 조금' 천천히 누적되면서 성취될 것이다. 인간과 사회의 완성이 정확하게 조화를 이루지는 않을지라도 점점 더 가깝게 근접해 가는 것을 기준으로 할 때, 하나님 나라는 결코 한번에 성취될 수 없다는 인식이 있다.

또한 현대주의자들은 이 과정에서 하나님께서는 어디에 계신다고 말하는가?

그분은 항상 그러하셨듯이 인간과 함께 일하시는데, 그들의 소망과 열망 속에서와 그것을 추구하는 기능과 인내 속에서 일하신다. 마침내 하나님 나라가 왔을 때, 악의 마지막 세력이 꺾이고 가장 멀리 있던 선이 이루어졌을 때, 그 순간의 영광은 그것을 꿈꾸고 얻으려 분투했던 과거와 현재의 모든 사람들에게 돌아갈 것이다.

그러나 더 심원한 영광은 수십 세대를 통해 때때로 인간의 의지에 반하면서까지 인류에 박차를 가하여 더 위대한 선을 이루고 그것을 넘어 더욱 위대한 선에 도달하도록 하신 그분께 돌아갈 것이다. 그 때에는 산 자와 죽은 자 모두 다음과 같은 시편 기자의 기도를 함께 올릴 것이 틀림없다.

"여호와여, 영광을 우리에게 돌리지 마옵소서, 우리에게 돌리지 마옵소서……"

에필로그

첫번째 금화와 마지막 금화

중세 유대 문학 가운데 절묘한 비유가 하나 있는데, 그것을 조금만 개작하면 이 책이 말하고자 하는 모든 내용을 훌륭하게 나타낼 수 있을 것이다.

비유는 다음과 같다. 한 나그네가 위험한 한 시골 마을을 지나다 강둑에 이르렀는데 그 강은 너무 깊어서 건널 수가 없었다. 그는 돌아가지도 못하고, 그렇다고 그 자리에 머무를 수도 없었다. 어떻게 강을 건널까? 그는 허리에 차고 다니던 돈주머니가 떠올랐다. 그 안에는 전 재산인 금화 몇 닢이 들어 있었다. 절실한 필요 앞에서 그는 자신 앞에 길이 하나 솟아날 것을 기원하며 금화를 한 닢 한 닢 강으로 던져 넣었다.

물론 헛수고였다. 돈주머니는 비었고 강은 여전히 건널 수 없었다. 마침내 금화 한 닢이 남았다. 이것을 손에 꼭 쥐고 나그네는 다른 방법을 궁리해 냈다. 여기저기 살피다가 조금 전까지는 절박한 심정 때문에 보지 못했던 나룻배 한 척이 저 멀리 눈에 들어왔다. 귀중한 재산을 무익하게 낭비해 버린 것을 후회하면서, 그나마 금화 한 닢이 남은 것을 다행하게 여기면서 그는 나룻배로 급히 가서 사공에게 배 삯을 지불하고 강을 건너 목숨을 건지고 가던 길을 계속 갈 수 있었다.

이 이야기를 했던 11세기에 스페인에 살았던 유대인 윤리학자 바히아 이븐 파쿠다(Bahya ibn Pakuda)는 대속을 그 핵심으로 마음에 두고 있었다. 그는 참회가 첫 번째 지출이 되어야 하지만, 동시에 다른 모든 방법이 사라진 후 유일하게 남은 마지막 방법임이 종종 입증된다는 것을 말하려 했다.

이 비유를 바꾸지 않고도 종교의 역할, 이스라엘의 유대교의 역할에 적절히 적용할 수 있다.

이것이 사람에게 작용하는 종교의 역할이고, 유대인에게는 유대교가 그리하다.

현명하고 신중한 사람에게 가던 길을 계속해서 안전하고 즐겁게 갈 수 있게 해 주는 것은 돈주머니의 첫 번째 금화 —삶의 가장 끔찍한 부분을 통과할 때 극복할 수 있게 도와주는 정신적 지불— 이다.

그러나 어리석고 둔감하고 부주의하고 분별 없는 사람에게 — 모든 자원이 바닥나고 필요와 절망으로 가득 찼을 때— 새로운 가능성과 소망의 세계로 건네주는 안전한 나룻배를 탈 수 있게 해 주는 것은 돈주머니 안에 남은 마지막 금화 한 닢이다.

저자 소개
- 서울신학대학교에서 신학전공
- 서울신학대학교 대학원에서 이론신학 전공 (M. A),
- 이스라엘 예루살렘 대학교에서 중근동학 및 초기기독교 전공 (M. A),
- 미국 달라스 신학대학원에서 성서강해전공 (S. T. M),
- 미국 달라스신학대학원에서 구약(Ph. D)을 전공
- 현재 건국대학교 문과대학 히브리학과 교수로 재직 중에 있다.

저서, 역서로는
- 유대인 이야기,
- 영성 있는 그리스도인,
- 지도로 보는 이스라엘 역사 외
- 40여 편의 논문이 있다.

유대교의 기본진리

2004년 2월 20일 1판 1쇄 발행
2011년 5월 25일 1판 2쇄 발행
지은이 최 명 덕
발행자 심 혁 창
발행처 **도서출판 한글**
서울특별시 서대문구 북아현동221-7
☎ 02) 363-0301 / FAX 02) 362-8635
E-mail : simsazang@hanmail.net
등록 1980. 2. 20 제312-1980-000009

△ 파본은 교환해 드립니다
IN GOD WE TRUST

정가 **10,000**원

*

ISBN 97889-7073-083-4-93230